未来を語る人

ジャレド・ダイアモンド Jared Diamond
ブランコ・ミラノヴィッチ Branko Milanovic
ケイト・レイワース Kate Raworth
トーマス・セドラチェク Tomas Sedlacek
レベッカ・ヘンダーソン Rebecca Henderson
ミノーシュ・シャフィク Minouche Shafik
アンドリュー・マカフィー Andrew McAfee
ジェイソン・W・ムーア Jason W. Moore
大野和基編 Ohno Kazumoto

インターナショナル新書 127

はじめに

いま私たちは、先の見通せない迷路の中で、出口へ通じる道を探しています。地球温暖化による気候変動、予測不能な感染爆発、世界を分断へと導く国際紛争……。私たちが直面している問題は、もはや一つの国や地域で解決できる問題ではありません。

さらに、数年間にわたって地球を席巻した新型コロナウイルス感染症のパンデミックは、それらの問題解決を阻む、根本的な問題を浮き彫りにしました。それは、世界に広がる「格差」です。

それまでも存在していたけれど、多くの人が真剣に対峙《たいじ》してこなかった、あるいは手をこまねいていた、国家間の、民族間の、職業の、性の、世代の、ありとあらゆる格差が、未曾有のパンデミックによって白日の下に晒《さら》されたのです。そして、その格差が資本主義の誕生から何世紀にもわたって解消されなかったことに、そもそもその格差こそが資本主義の本質であったことに、多くの人があらためて気づいたのです。

これらの根本的な格差を解消しようとする真摯な論考の中で、そして、一刻の猶予もないと言われる気候変動問題を解決するための様々な議論の中で、従来型の資本主義に懐疑の目が向けられています。資本主義というシステムを無批判に信奉していては、世界は袋小路に入ってしまうのではないか。新たなコミュニズムなど別のシステムを考えるべきではないか。そのような声が、長く資本主義を奉ずる欧米、そして日本の中からも上がっているのです。

本書は、数十年にわたり世界の学者、研究者などにインタビューしてきた国際ジャーナリスト、大野和基氏が、世界がコロナ禍に沈む数年間にわたり、世界の学者八人にインタビューした内容をまとめたものです。第一章の地理学者、ジャレド・ダイアモンド氏をはじめ、いま世界で最も注目されている経済学者たちに、従来型の資本主義をどのように捉え、改善し、改革していけば、あるいは別の考え方を取り入れれば、未来社会をより良いものにすることができるのか、じっくりと訊いています。

世界が直面する難問を解決するため、来たるべき社会で多くの人が幸福に過ごせるようにするため、いま私たちが何をすべきか、何ができるのか。彼らの答えは千差万別ですが、多くの示唆に富んでいます。ここに迷路を抜け出す道が見つかるはずです。

インターナショナル新書編集部

目次

第1章

いま
人類が直面する、
最大の危機

JARED DIAMOND

ジャレド・ダイアモンド

カリフォルニア大学ロサンゼルス校(UCLA)地理学教授。1937年、ボストン生まれ。ハーバード大学で生物学、ケンブリッジ大学で生理学を修める。研究領域は進化生物学、鳥類学、人類生態学など多岐にわたる。カリフォルニア大学ロサンゼルス校医学部生理学教授を経て現職。アメリカ科学アカデミー、アメリカ芸術科学アカデミー、アメリカ哲学協会会員。著書に『銃・病原菌・鉄』『文明崩壊』(共に草思社)、『昨日までの世界』(日経BP)など多数。アメリカ国家科学賞、タイラー賞、コスモス賞、ピュリツァー賞などを受賞。

『危機と人類　上・下』

ジャレド・ダイアモンド 著

小川敏子／川上純子 訳

日経ビジネス人文庫

近代国家は、迫りくる危機をどう乗り越えたのか、あるいは乗り越えられなかったのか。著者が知悉するフィンランド、日本、チリ、インドネシア、ドイツ、オーストラリア、アメリカの7カ国（日本以外は在住経験あり）を例に詳述、その成功と失敗の理由を探り、人類が危機にどのように対処すべきかを論じる。臨床心理士の危機療法をヒントに個人的危機の解決法を国家的危機に応用して分析し、現在進行形の危機への対応策を探っていく。

――ウクライナで起きていることについてうかがいます。あなたの著書『危機と人類（UPHEAVAL:Turning Points for Nations in Crisis）』の中に「歴史家が長きにわたり議論しつづけているふたつの考え方がある。非凡な指導者たちが実際に歴史の流れを変えたのか、他の人が指導者だったとしても歴史は似たような結末だったのか」というくだりがあり、そこにヒトラーの例を引いています。もし、ロシアの指導者がウラジーミル・プーチンでなかったら戦争は起こっていなかったでしょうか？　あるいはウォロディミル・ゼレンスキーがウクライナの指導者でなかったとしたら、どうだったでしょうか？

ジャレド・ダイアモンド（以下**ダイアモンド**）　多くの人は、「指導者は歴史の流れを変えるのか」という疑問に、単純な答えを求めようとします。答えは、時には歴史の流れを変え、時には変えないというものです。指導者は、非常に異なる選択肢がある場合、歴史の流れを変えます。何をすべきかについて国全体が同意している場合は、歴史の流れを変えません。また指導者が大きなパワーをもっているとき、指導者が独裁者であるとき、あるいは民主主義国家でも戦時には指導者は歴史の流れを変えます。平時の民主主義国家では、リーダーはあまり歴史の流れを変えません。ロシアは独裁国家で、プーチンはすこぶる際立っています。あなたはプーチンに会ったことがありますか？

――いいえ、ありません。

ダイアモンド　プーチンはナポレオンと同様の身長コンプレックスをもっています。最初は理性をもって話しますが、こちらが気に入らないことを言うと、顔を真っ赤にして憤慨する。プーチンは、紛れもない独裁者で、歴史の流れを変えることは間違いありません。ゼレンスキーについてはあまり言えることはありませんが、プーチンは確かに歴史の流れを変える人物です。

――ドナルド・トランプ前大統領は、いかがでしょう。

ダイアモンド　トランプは確かに歴史の流れを変えましたが、ほとんどの点で悪い方向にです。今の状況でトランプならどうするでしょうか？　非常にバカげたことをするでしょう。どんなバカげたことをするのか、そこまで具体的にわかりませんが。

――二〇二二年二月に行われた世論調査によれば、アメリカ人の六〇パーセント以上は、もしトランプがアメリカの大統領であれば、ウクライナ戦争は起きていないという意見でした。

ダイアモンド　大統領選でトランプに投票したアメリカ人の割合は四九・五パーセントでした。トランプに好意的な見方をしているアメリカ人の割合はそれから減少して、今は四

○パーセントくらいです（二〇二二年七月現在）。「六〇パーセント以上」という世論調査の結果を、私は疑いますね。実際は三〇パーセントか四〇パーセントくらいだと推測します。

危機への対応はフィンランドに見習うべき

――あなたは、『危機と人類』の中でフィンランドに一章を割いています。人口六〇〇万人の小国フィンランドは、ソ連との苦い経験から「ソ連とのあいだでふたたび紛争が起きた場合は支援が期待できないのだから、むしろ自国の独立をできるだけ保持するかたちでソ連との関係を発展させるしかない」と考えていると、あなたは書いています。二〇二二年五月、フィンランドはNATOに加盟申請しました。フィンランドにとって大きな決断ですが、これは賢明な選択だったのでしょうか。

ダイアモンド　フィンランドは歴史から学び、常に賢明な決定をしています。フィンランド人は「冬戦争（一九三九年一一月から一九四〇年三月まで続いた、フィンランド対ソビエト連邦の戦争）」から多くのことを学びました。

私が前回フィンランドを訪問したとき、政府委員会のメンバーである友人に、「うまくいかないかもしれないすべてのことを予測し、それに対して備えることを対ソ戦争から学んだ。政府委員会を設置し、月例で会合をもち、常に悪い事態が起こることを予測して備えている」と言われました。例えば、送電網が切断されたら、何が起きるかを予測し、対策を講じるなどです。実際にロシアはウクライナ侵攻でフィンランド向けの電力供給を停止しましたが、フィンランドではすでにそれに対する備えができていました。

三年前（二〇一九年）、この委員会で呼吸器系統の世界的なパンデミックが起きたらどうなるかという事態の予測をしたそうです。明らかにマスクが必要になりますね。だからフィンランドは三年前にたくさんのマスクを購入していました。新型コロナウイルスが現れたとき、フィンランドには十分なマスクの備蓄があったのです。彼らは燃料を備蓄し、小麦、医薬品、化学製品などありとあらゆるものを備蓄しています。例外はありません。フィンランドは、一九四五年以来、何十年も、慎重の上にも慎重に、中立を維持してきました。しかし、今ロシアがやっていること（ウクライナ侵攻）を目の当たりにして、中立を維持することは賢明なことではないと判断したのです。

――あなたは、「大国に脅かされている小国はつねに気を配り、別の選択肢を考慮し、選択肢を現実的に見極めるべきだ」と書かれています。その教訓を「一九四一年には日本が無視して、アメリカ、イギリス、オランダ、オーストラリア、中国を同時に攻撃し、ロシ

ア と敵対した」とも書いています。ロシアと中国による威嚇とも思われる日本の領海への船舶の侵入が日本でニュースになりましたが、日本はアメリカに頼るという選択肢しかないのでしょうか。

ダイアモンド　第二次世界大戦の劇的な出来事の一つにドーリットル空襲があります。真珠湾攻撃のあと、アメリカ人は士気阻喪《しきそそう》していました。ルーズベルト大統領は国民の士気を高揚させるべく、何か手を打ちたかった。アメリカ軍は、一九四二年四月一八日にアメリカ陸軍航空軍の爆撃機によって東京に空襲（ドーリットル空襲）を実施しました。物質的なダメージはとるに足らないものでしたが、この初の東京空襲に反応して、山本五十六《いそろく》海軍大将はミッドウェーを攻撃し、それが日本にとって悲惨な結果を引き起こしました。

挑発されたときに熟慮せず即座に反応して起こす行動が大きな失敗に繋がるのです。長ったらしい答えですが、挑発に乗らないで何もしないほうが状況がよくなる場合があるということです。ロシアや中国の船舶が日本の領海に侵入しても、別に北海道に侵攻しようとしているのではありません。勝手にうろつき回らせておけばいい。私なら別に騒ぎませんん。

――威嚇されていると感じる日本人もいますが、そう感じる必要はないということですね。

ダイアモンド　そうです。現実的には、それはデモンストレーション、単に見せつけているだけです。心配することはありません。

アメリカ国内の二極化で、民主主義は崩壊するかもしれない

――アメリカが今日直面している喫緊の課題は何でしょう。

ダイアモンド　私はロシアのことも中国のことも心配していません。私が危惧しているのは、アメリカ国内の二極化です。

――よくニュースになる人工妊娠中絶論争ですね。

ダイアモンド　中絶論争はアメリカ人が最も二極化している問題の一つです。中絶は多くの人が非常に強硬な意見をもっている問題で、だから注目を浴びています。アメリカ人の五一パーセントほどが女性で、その女性たちの多くは、今年（二〇二二年）六月の最高裁の判決に憤慨しています。九人の判事のうち五人は男性で妊娠することがないので、こんな信じられない決定を出したのです。実際、最高裁で保守派の判事が多数派となったことが大きいと思います。トランプによって三人の保守派判事が選ばれてからは、こうなるのは時間の問題でした。

私がアメリカの二極化の中で本当の問題だと考えるのは、「投票制限」です。これが、民主主義を終わらせるかもしれません。アメリカがこれから四年以内に民主主義国家でなくなり、事実上独裁主義国家になる可能性が高いと私は見ています。

民主的な選挙が行われない政府のシステムは独裁主義です。すでに個々の州の地方自治体や州当局では、「民主的な選挙」が崩壊の危機に陥っています。アメリカでは国政選挙を管理する国家機関は存在しません。あくまでも地方自治体と州がルールを設定します。しかし、共和党が多数派を占める州では、地方自治体と州の当局は民主党に投票しそうな人が投票するのをかなり難しくするか、事実上不可能にしているのです。

共和党は投票所に行く自由を制限しようとしていますが、民主党支持者たちは一丸となって、それに反対しています。すでに多くの訴訟が起こされています。国、つまり政府が大きな権限をもつ日本と異なり、我々の連邦政府のもつパワーは限られています。五〇の州は連邦政府に対して、日常的に訴訟を起こしています。そうした訴訟が、連邦政府が行動を起こすのを遅らせたり、妨げたりしています。

アメリカが民主主義国家でなくなることだけは避けたい。民主主義は最善の政治形態です。民主主義では、政府がバカなことをすると、国民は抗議することができます。もちろん抗議運動をすることで警察に撃たれることもあるでしょう。でも最終的には、政府が変わらざるを得ないことも起きます。イギリスでボリス・ジョンソン首相が辞任すると誰が想像したでしょうか？

アメリカ市民の間でベトナム戦争への反対運動が激しくなっていた一九七〇年、オハイオ州でアメリカ州兵が学生に発砲、殺傷するという事件が起きました（ケント州立大学銃撃事件）。射殺された学生たちの写真は全米に報じられ、それがやがてアメリカ政府がベトナム戦争継続を断念することに繋がりました。

特定の宗教が、科学への懐疑主義を生む

――アメリカで科学への懐疑主義が広がっているのは、なぜなのでしょう。

ダイアモンド　それはとても興味深い問題で、まさにパラドックスです。アメリカは科学の分野で世界のトップです。そのことはアメリカが受賞した科学分野でのノーベル賞の数が、他を圧倒（二位のイギリスの三倍以上）していることでもわかります。他方でアメリカは、裕福な民主主義国家の中で科学に対する懐疑主義が最も強い国でもあります。このパラドックスはどのように説明できるでしょうか。

私は、UCLA宗教研究センターにいる友人と今、共同研究をしています。このパラドックスの要因はいくつか考えられます。

一つ目は、歴史的な経緯です。第二次世界大戦の前までは、科学分野で世界のトップの座にいたのはヨーロッパでした。ノーベル賞もヨーロッパ人が多く受賞していました。アメリカが科学分野で世界のトップになったのは、第二次世界大戦中、そして戦後になってからと比較的新しいことなのです。

二つ目は、アメリカの宗教です。科学に反対する懐疑の声は、特定の宗教、つまり福音派キリスト教原理主義プロテスタントの人から上がっています。彼らは科学を信用する代わりに、聖書に書かれていることを信用しています。アメリカでは、この福音派プロテスタントが他の先進国よりもはるかに強い力をもっています。ただ、これだけで、懐疑主義の強さをすべて説明することはできません。

今のアメリカは普通の民主主義ではなく、ハイパーデモクラシー（過度な民主主義）です。つまり、どんなに無教養な人でも科学的なことについて科学者と同等に自分の意見を言う権利がある、と信じているのです。これは、ときに良い結果をもたらすこともあるのですが、とても悪い結果をもたらすこともあります。

――『危機と人類』のキーワードに「選択的変化」があります。人でも国家でも危機に直面したときに、「機能不全で変えなくてよい部分と、機能不全で変えなければならない部分との分別」が重要であるということですが、このアイデアはどこから来たのでしょうか。あなたが精通している比較研究からですか。

ダイアモンド　あなたは先ほど、私の妻マリーに会いましたね。彼女は臨床心理士です。私はいろいろな国で暮らし、国家が危機に遭遇するのをこの目で目撃してきた経験があります。と同時に、臨床心理士として問題のある患者を治療してきたマリーと四四年間、生活を共にしてきました。心理療法の真髄は「選択的変化」です。これは、自分のすべてを捨てさるのではなく、自分の中で機能不全になっていて変えなければならない部分を見極めることです。

実際のところ、マリーに診てもらうために入ってくる新しい患者を見ると、人生においてすべてのことがうまくいっていないと感じているらしく、沈み込んでいることが往々にしてあるのです。そういう気持ちのままでいると、患者は自分が抱えている問題に対処することができません。マリーの最初の仕事は、患者が変えなければならないことを見極めるのを手助けすることなのです。それ以外のことはうまくいっていますよ、と気づいてもらうのです。必要なことは「選択的変化」だけであることに気づかなければ、問題に打ちのめされたままになり、手を付けられない状態になります。

それと同じことが国にも当てはまります。国にはさまざまな問題があり、時には打ちのめされて、何もかもうまくいっていないと思ってしまいます。でも、もしその国が圧倒された状態になると、市民は絶望的な気持ちになり、自分たちに何ができるか当惑してしまいます。アメリカには大きな問題があります。日本も問題がないわけではありません。でも日本やアメリカには、うまくいっていることもたくさんあるのです。

日本はさまざまな問題を抱えていますが、アメリカよりはるかに格差が少ないです。また公教育が受けられるレベルについてもアメリカより日本の方がはるかに公平な機会があります。農村地域でも日本ではいい教育が受けられます。社会契約（国家とその市民の関係についての契約）に関してもアメリカより日本の方が優れています。日本ではマスク着用について政府が市民に命令を下しませんね。それでもみんなマスクを着用します。アメリカでは政府が命令しないと市民はマスクを着用しません。もちろん日本にも「選択的変化」が必要な領域がありますが、何もかもうまくいっていないと感じる必要はありません。アメリカについてもそうです。何もかもうまくいっていないと感じる必要はないのです。長ったらしい答えですが、私の経験と妻の経験から、「選択的変化」についてのアイデアを思いつき、『危機と人類』を執筆したのです。

危機を乗り越えた理想の例は、日本の明治維新

――国家の危機を乗り越え、繁栄に繋げた理想的な国を一つ挙げるとしたらどこでしょうか。

ダイアモンド　明治時代の日本です。近代における「選択的変化」の最も優れた例と言っていいでしょう。私の『危機と人類』は、日本について二章を割いています。

――私は生まれていませんでしたが、その明治時代の日本について詳しく説明してください。

ダイアモンド　私も生まれていませんでした（笑）。明治時代は、ペリーが来航し、多くの日本人がもう鎖国を維持することができないと気づいたことで始まりました。そこでさまざまなことが変化せざるを得ませんでした。さもなければ日本は中国と同じ運命を辿っていたでしょう。日本は西洋に対抗できる戦力をもつ必要に迫られました。また、西洋の制度を採り入れることで、西洋人の目に尊敬すべき国であるように映るようにしたのです。

実際、日本はとても巧妙に西洋スタイルの制度を採り入れました。

当時、世界最強の海軍はイギリス海軍だったので、日本はイギリスから海軍のアドバイザーを招きました。さらに、日本で最初の超弩級《どきゅう》戦艦である金剛《こんごう》の建造を、イギリスの造船会社に発注したのです。戦艦金剛が日本に届くと、それをモデルとして戦艦比叡《ひえい》、戦艦霧島《きりしま》、戦艦榛名《はるな》などを国内で造りました。

また、当時世界最強の陸軍はプロシア軍、つまりドイツ軍でした。なので日本陸軍は、ドイツから兵学教官を招きました。

教育制度について日本はさまざまな試行錯誤を重ねました。最初はアメリカ式の教育システムを試しましたが、うまくいかない部分もあったので、他の国の教育システムも試しました。

憲法の形式については日本には天皇がいて、その伝統もありますから、最適なモデルはドイツの憲法であると判断し、ドイツから二人の憲法専門家を連れてきて、二年間日本に住んでもらい、大日本帝国憲法草案の作成を手伝ってもらいました。それで日本は立憲政治の国になったのです。天皇に役割を与えた憲法をもち、中央集権の政府を確立したことで、西洋人の目に、日本は尊敬すべき国であると映ったのです。

一九三〇年代の日本は、なぜ失敗したのか？

——あなたは日本の明治維新を評価する一方、一九三七年に始まる日本の侵略戦争、日中戦争から第二次世界大戦での判断の誤りを分析しています。その原因を、「若き急進派将校たちは、アメリカの工業力や軍事力を直接見聞きしたことがなかった」ことだと分析します。明治時代の指導者と、一九三〇～四〇年代の指導者の違いが、日本の運命の分かれ道だったということですね。日本の成功と失敗の分析を踏まえ、現在の日本の状況をどう評価されますか。

ダイアモンド　現在の日本にも問題がありますが、一九三〇年代の問題と比べるととるに足らない問題です。その時代、日本の基本的な問題は何だったのでしょうか。

一つはあなたが今言ったように自国のパワーを見誤ったことです。私が初めて日本を訪れた一九八八年、日本での晩餐会のときのこと。ゲストの一人に、一九三〇年代にアメリカで数年間を過ごした、日本の鉄鋼会社の元トップがいました。彼は私に、当時アメリカが高品質の鉄鋼を生産する能力は、日本の五〇倍あったと語ってくれました。日本がアメリカに勝ちようがないことを、彼は戦争の前に知っていました。

しかし、日本の陸軍将校は、ドイツのことしか知らず、アメリカの本当のパワーを認識していませんでした。連合艦隊司令長官だった山本五十六は、かつて大使館付き海軍武官としてワシントンに一年間駐在するなど、アメリカを熟知していましたから、彼の日本政府に対する最初の進言が、「お願いだから、アメリカと戦争をしないでくれ」でした。

もう一つは興味深い問題ですが、あまり議論されていません。それは、人はアナロジー（類推）で行動してしまうということです。過去に成功した経験があると、類似した状況下ではそれに頼って同じ行動を繰り返してしまうのです。一九〇四年の日露戦争では、日本はロシアに勝ちました。ロシアに勝ったことで、アメリカにも勝てるだろうと期待してしまったのです。

これらの戦争では二つの決定的なことがあります。日本はまず宣戦布告をしないで、仁川沖海戦でロシア艦隊を攻撃し、これを撃沈しました。ロシアの場合は、ロシア政府が独裁政権で、ロシア人が激怒しなかったのでうまくいきました。そこでアメリカへも、ロシアへの攻撃を手本にして真珠湾攻撃をしたのです。この真珠湾で日本の敗北は決まったと言えるでしょう。私の父親は――私の姉や私もまだ若かったですが――自ら進んで戦争に行きました。日露戦争のやり方を真珠湾攻撃にもち込んだことが、破滅的な結果を招いたのです。

もう一つのアナロジーの失敗は、日本海海戦です。この戦いで東郷平八郎はロシアのバルチック艦隊を壊滅させました。日本がそこから学んだ教訓は、「艦隊決戦主義」という考え方です。これは戦争における決定的な海戦で敵艦隊を撃滅し、制海権を得たものが戦争に勝てる、というものです。そこで日本の連合艦隊は、真珠湾攻撃で撃ち逃したアメリカの空母を誘い出し、撃滅することにこだわりました。

これは失敗でした。もし日本が艦隊決戦の時期を待つことなく、ソロモン海戦で艦隊を動かしていたら、ガダルカナルでの反撃を打ち負かすことに成功していたかもしれません。この二つはアナロジーがうまくいかなかった顕著なケースです。

——日本で語られている歴史とは違う捉え方ですね。あなたはまた、「なぜか日本では見過ごされ、議論もされていない。あるいは問題の存在すら否定されている」問題がある、と書いています。この、深刻な問題とは何でしょうか。

ダイアモンド　順不同で、巨額の国債発行残高、少子高齢化、女性の社会進出の遅れ、移民を受け入れないこと、中国・韓国との緊張関係の原因である歴史問題の否定があります。特に女性の社会進出は、女性の活躍の場が増えたといっても欧米に比べるとまだまだです。これは政府が方針や法律を作ってもなかなか変わりません。経営者側の女性の役割に対するマインドセットを変えるしかありません。

移民の受け入れは、日本が独自に判断すべきこと

――移民についてうかがいます。世界のグローバル化に伴い、移民はこれからも増え続けていくのでしょうか。

ダイアモンド　ヨーロッパではそうです。ウクライナから六〇〇万人の移民を受け入れています。アメリカは移民受け入れ数をまだ増やしていません。ロシアのウクライナ侵攻によって移民が外に送り出されていますが、アメリカではなくヨーロッパへの移住です。世界全体の傾向でいうと、グローバリゼーションによって、すべての裕福な国は受け入れる移民の数を増やしています。この流れを抑えるのは難しいです。五〇年前、貧しい国の人は裕福な国の状況をあまり知りませんでしたが、今、彼らはスマホやテレビを持っています。また五〇年前、貧しい国ではジェット機もほとんど飛んでいませんでした。今は助けがあれば貧しい国の人でもジェット機で裕福な国に行くことができます。アメリカやヨーロッパにとって、これは重大な問題です。オーストラリアでも問題になってきています。日本にとってはまだ問題になっていませんね。

――貧しい国の人たちも比較的容易に、遠い裕福な国に移動できる時代になったのですね。ご存じのように日本はウクライナで起きている戦争で生じたウクライナ避難民をほんのわずか受け入れました。でも日本はアメリカやヨーロッパと比べると移民を受け入れることに前向きではありません。今の状況を考えると、日本はもっと進んで移民を受け入れるべき（should）でしょうか。

ダイアモンド　あなたは今shouldという単語を使いましたが、誰も日本に対して移民をもっと受け入れるべき（should）かどうか言うことはできません。日本人が移民に対して抵抗感をもつのには理由があります。日本は他の国と非常に異なった国で、比較的均質な社会です。移民の歴史もありません。

対照的にアメリカでは、どのアメリカ人も例外なく移民です。アメリカ先住民も一万三〇〇〇年前に移住してきました。他のアメリカ人は一六〇七年に移住を開始しました。私の父親は二歳のときにアメリカに移住してきました。私の妻の両親も移住してきました。私の友人のほとんども移住してきました。自身が移住してきた人もいれば、親や祖父母の代にこの国に移住してきた人もいます。

アメリカはこのように移民の国です。日本は移民の国ではありません。アメリカは入ってくる移民に対応する歴史がありますが、日本にはそれがありません。だから日本がどうすべきかを誰も日本に言うべきではありません。日本は日本にとってベストであると思う選択をするべきです。

地理的な条件は、国の発展にどれだけ影響するか

——日本が大陸から離れた島国であることが、大国に攻撃されにくく、異民族の流入も少なかったという歴史に繋がりました。地理的な条件とは国家にどれほど影響を与えるのでしょうか。

ダイアモンド　その質問は、結婚において女性のどういうところが男性を幸せにするか、という質問と同じです。結婚において男性を幸せにする女性の特徴はたくさんあります。それと同様に国に影響する地理的な特徴はたくさんあります。日本は海に囲まれています。アメリカも海に囲まれています。日本は温帯地域にありますが、それは熱帯病のリスクが低いことを意味します。アメリカも温帯地域にあります。日本は多湿で火山が多く、土壌は非常に肥沃です。アメリカは局所的に多湿で、火山は少ないですが非常に肥沃な土壌です。日本とアメリカは共通のアドバンテージをもっているのです。

——日本と同じ島国であるニュージーランドはいかがですか。

ダイアモンド　ニュージーランドも温帯地域にあります。インドネシアや中国の南部、フィリピン、ブラジルの北部は温帯地域にありません。

一般的に言うと、熱帯諸国は、温帯諸国よりも貧しい傾向があります。アフリカの地図を見れば、一目瞭然です。それはまるで上下をパンで挟んだサンドイッチのようです。アフリカの中央にある国は熱帯国で、貧しい国です。アフリカの中で最も裕福な国は北端にあります。エジプト、リビア、チュニジア、アルジェリア、モロッコです。南部には比較的裕福なナミビア、南アフリカ、ボツワナがあります。エジプトはそれほど裕福な国ではありませんが、アフリカの他の国と比べれば裕福です。

——アメリカの現在の繁栄も、この地理的な条件が最も大きな要因だったのでしょうか。

ダイアモンド　それは間違いありません。アメリカは広大な土地に恵まれ、世界最高の農地をもっています。また、両サイドに太平洋と大西洋という大きな海があります。アメリカが独立してから、アメリカ本土に対する攻撃は二回しかなく、どちらもとるに足らないものでした。一八一二年戦争（米英戦争）ではイギリス軍が上陸して、ワシントンを焼き打ちしました。そして一九一六年にメキシコのリーダー、パンチョ・ビリャはメキシコからニューメキシコに奇襲をかけ、何人かのアメリカ人を殺害しました。外国からのアメリカ本土への攻撃はそれだけです。アメリカは大洋によって守られており、そのことがアドバンテージになっています。

人類にとって最大の危機は、新興感染症

――気候変動が進んでいくと、地理的な条件も変わり、現在繁栄している国が没落し、逆に変動で有利になる国も出てくるのではないでしょうか。

ダイアモンド　もちろんそういうことは起こり得ますが、限定的です。例えばアメリカでは、干ばつが増加していますね。今取材を受けているこの庭を見てください。茶色の部分があります。それはロサンゼルスで水不足が起きていることを示しています。今ここで許されているのは、月曜と金曜に八分間だけ芝生に水をやることです。それが原因で庭の芝生が茶色になりつつあります。カリフォルニア州で干ばつが起きているのです。カリフォルニアは中西部のグレートプレーンズと共にアメリカで最も生産性の高い農地の一つですが、農産物の生産が減少するかもしれません。

他方で、気候変動のせいで北のほうは暖かくなっています。カナダの南の地方であるア

ルバータ州やサスカチュワン州やマニトバ州は暖かくなってきているので、小麦の生産量が増えています。

――新型コロナのパンデミックはまさに世界すべての国にとっての危機になっています。発生からすでに二年半が経っていますが、いまだ収束の気配がありません。これは今までにない世界を覆う危機ではないでしょうか？　あなたは、危機こそが人や国が学ぶチャンスだと言いますが、このパンデミックから我々が学べることは何でしょうか。

ダイアモンド　このパンデミックから学べる教訓は二つあります。一つはフィンランドのような国になれ、ということです。先ほど説明したように、フィンランドのようにあらかじめ将来の危機に備えておきなさい、ということです。もちろん我々はもっと真剣に新興感染症が出現することを予期しなければなりませんでした。自分の生きている間に出現した感染症を思い出してみてください。最初にエイズ、それからエボラ出血熱とマールブルグ病。ＭＥＲＳ（中東呼吸器症候群）もありました。そして今は新型コロナです。これだけ新種の感染症があるのです。人が野生動物と接触する機会が多いのは、主に東南アジアやアフリカなのですが、野生動物と接触している限り、さらなる新興感染症は出てきます。ですから、一つ目の教訓は、「備えよ」です。我々は備えているべきでした。

二つ目の教訓は、新型コロナはグローバリゼーションによって拡大したので、グローバルな解決が必要であるということです。しかし新型コロナは唯一のグローバルな問題ではありません。他のグローバルな問題に気候変動、資源枯渇、格差があります。これらはすべてグローバルな解決が必要な問題です。

新型コロナについて言えることは、すべての国で新型コロナに対する安全が確保されるまで、どの国も安全ではないことです。世界のどこかでコロナの問題がある限り、日本もコロナの問題から逃れられません。日本への入国を永久に禁止することができないからです。海外から日本に人が入ってくるかぎり、その中に新型コロナに感染している人が出てきます。いくら禁止してもまた入ってきます。

――世界で今、最も警戒すべき危機とは新型コロナなのですか。

ダイアモンド　一〇〇パーセントの確信をもってお答えしましょう。新興感染症です。アフリカや東南アジアで人が野生動物と接触しているかぎり、新興感染症が必ず出現します。新型コロナウイルスの新しい変異種はすでにどんどん出てきていますね。新型コロナが落ち着いても、まったく異なる新興感染症が必ず出てきます。つい最近、中国東部で動物由来の新種のウイルスが発見され、住民ら三五人が感染していることが明らかになりました。

中国が本当に動物取引の市場を閉鎖したかどうかは知りませんが、漢方薬には動物から作るものもあります。そういうものが病原体をもっていることもあります。アフリカでも同じです。エボラ出血熱、マールブルグ病、エイズは未開発地の森林地帯での食肉の取引などから生じています。

貧困国を豊かにすることで、世界の危機を回避する

——世界の国々の間に格差があることも、危機を生む大要因の一つだと思います。貧しい国の人々が裕福な国を目の当たりにすることで、テロは増えていくのでしょうか。

ダイアモンド　もちろんです。まずグローバリゼーションによって、貧しい国から裕福な国に行く人が増えます。例えば、二〇〇一年にアメリカで九・一一同時多発テロが起きましたが、このテロは一九五〇年に起こすことは不可能でした。二〇〇一年にはそれが可能になりました。そういうテロ攻撃がこれからも増えます。また世界中で起きている格差の拡大が動機になって、さらに多くの人がテロリストになるでしょう。日本がそういうテロ攻撃に遭うのは時間の問題だと思います。日本国内からのテロ攻撃ではなく、外部からのテロ攻撃です。

――このような状況を回避するための国の方策はありますか。

ダイアモンド　まず貧困国を裕福にする、あるいは少なくとも暮らし向きが上向くまで、さまざまな取り組みを進め、資金をつぎ込むことです。貧困国がテロリストをサポートする根本的な理由は、彼らが貧しく、幸せではないこと、そして彼らが裕福な国に対して怒りを覚えていることです。ですから、貧困国をもっと裕福にすることに投資することは、実は日本やアメリカやヨーロッパの利益になるのです。そうすることで彼らの怒りは収まり、テロ攻撃をする気持ちがなくなります。それが結局、お金があまりかからない方策なのです。

世界で最も深刻な単一疾患であるマラリアを抑制するプログラムを世界中で採用するのにかかる費用は二六〇億ドルという試算が出ています。それは大した額ではありません。マラリアは経済に大きな影響を及ぼしています。せっかく教育を受けてもエンジニアがマラリアにかかると三〇歳とか四〇歳で死んでしまいます。七〇歳まで働くことができません。女性も、子どもがマラリアにかかると、外に働きに行くことができません。日本では女性は外に働きに行くことができますが、マラリアが存在する国では女性は働くこと自体がより難しくなるのです。

ですから、特に熱帯地域の貧困国を助け、彼らの健康上の問題を解決し、繁栄させることです。それが寛大な行為というだけではなく、テロリズムの減少に繋がり、日本やアメリカやヨーロッパの利益になるのです。

資本主義と民主主義は対立する

――そもそも資本主義は格差が拡大するような仕組みです。資本主義と民主主義は共存することができるのでしょうか。

ダイアモンド　あなたが言うとおり、資本主義の最大の欠点は格差を助長することです。それに対し、民主主義は格差を軽減することが大きな目的なので、この二つのシステムは本来対立するものなのです。この二つはいわばベッドフェロー（bedfellows）の関係です。ベッドフェローというのは、本来敵対関係であるのに置かれた状況から行動を共にすることになった組織や人のことを指す言葉です。まさにこの二つのシステムに他なりません。

いま、資本主義は批判され、危機的状況であると言われています。「ポスト資本主義」という言葉が出てくるほどです。民主主義も同様です。一見機能しているように見えるのですが、ここアメリカでは危機に瀕しています。なにしろ平等な投票権でさえ存在しないのですから。

テクノロジーが飛躍的に進歩したことで、「勝者がすべてを獲る」経済になってしまいました。資本主義がテクノロジーによって破壊されたのです。国が得た経済的恩恵をより広く、国民全体に行きわたらすことができていません。例えばアマゾンは今まで平均して利益の三パーセントしか税金を払っていません。これは明らかにおかしい。資本主義は、もっと広く市民全体に、経済的恩恵が行きわたるようにしなければなりません。

現在の民主主義は、資本主義によって経済的恩恵を受けている人たちによって独占されています。若い人たちが、資本主義は自分たちの利益にかなっていないと訴えていますが、それは正しいのです。理は彼らにあります。経済的な公平さが欠けているのです。いま必要なのは、「ステークホルダー資本主義」という言葉で表現されるような、全体のことを考えた、もっと包括的な経済なのです。企業が、株主だけでなく、従業員や取引先、顧客、地域社会といったあらゆる関係者の利益に配慮すべきという考え方です。

資本主義の欠点は格差を広げてしまうことですが、これは言い換えると、富を集中させるということです。そして富が集中するところに権力も集中するので、それが民主主義と相容れないのです。資本主義の歴史を振り返れば、我々が人間の平等をないがしろにしてきたことは明らかです。男女間、人種間の賃金格差など、すべての面で人々の労働は公平に評価されてきませんでした。皆さんご存じのとおり、資本主義は搾取の構造で成り立っています。ですが、いま我々がたのむ民主主義は、その搾取されている側の声を政治に生かすように作られていません。

市場経済も格差を生むような構造になっています。逆を言えば、格差を生むから市場経済が機能していると言ってもいいでしょう。私はすべての人を平等にするべきだと言っているのではありません。ある程度の格差は必要です。社会がどこまでの格差を許容できるか、それには民主主義の制度が深くかかわってきます。なぜなら制度を作っていくのは政治的な決断だからです。租税制度は国会や議会によって決められる法律によって運営されています。

——富の集中を軽減する解決法はないのでしょうか。

ダイアモンド　まず言いたいのはアマゾンが二〇一八年にアメリカで払った税金（連邦税）はゼロです。この巨大企業が税金を払っていないというのは、これ以上ないほど大きな政治的失策です。合法的に税金を払わずにすむシステムを作ったのは国政の大失態と言っていいでしょう。

政治家は一般市民の声は聞かず、成功している企業や個人の意見を尊重します。彼らが莫大な寄付をするからです。まったくの悪循環なのです。

私にあるアイデアがあります。政府から有権者全員にまず一〇〇ドル渡すのです。それは選挙運動のときに寄付用として使えるお金で、それ以外の用途は禁止します。誰もがこの一〇〇ドルを選挙運動のときに自分が選ぶ候補者に寄付する制度を作ります。これで政治家は国民全員の声に耳を傾けざるを得ません。有権者全員が一人当たり一〇〇ドルを寄付するのですから、集まれば莫大な寄付金になります。

アマゾンは合法的に税金を払わずにすむことを、「ゲームのルールに従ってプレイしている」と言いますが、そのゲームのルールが間違っているのです。いまの社会は民主主義の装いをしていますが、経済力がそのまま政治力になるような構造となってしまっています。そうならないようにルールを変えなければなりません。皆が豊かになれるようなゲームであれば、皆が政治に参加して、真の意味での民主主義が機能します。

さらに税制について言うと、「負の所得税（negative income tax）」を取り入れるべきです。これは、課税システムの一つであり、一定の収入のない人は払わずに逆に政府から給付金を受け取るというものです。経済学者のミルトン・フリードマンを含む複数の人が提唱しています。コロナ禍で給付金をもらった人は多いですが、私が言っているのはコロナ禍だからではなく、常態としての税制です。一般市民の声が政治家に届かないのはどこの国も同じですが、少なくとも民主主義の装いをしている国では民主主義制度を最大限に利用して、できるだけ市民全体に経済的恩恵が行きわたるようなメカニズムをつくることができるはずです。

（二〇二二年七月二二日インタビュー）

第２章

二つの資本主義が世界を覆う

ブランコ・ミラノヴィッチ

BRANKO MILANOVIC

ルクセンブルク所得研究センター上級研究員。ニューヨーク市立大学大学院センター客員大学院教授。1953年、ベオグラード生まれ。ベオグラード大学で博士号を取得後、世界銀行調査部の主任エコノミストを20年間務める。2003-05年にはカーネギー国際平和基金のシニア・アソシエイト。所得分配について、またグローバリゼーションの効果についての方法論的研究、実証的研究を、*Economic Journal, Review of Economics and Statistics* などに多数発表。著書に『不平等について　経済学と統計が語る26の話』『大不平等　エレファントカーブが予測する未来』（共にみすず書房）がある。

『資本主義だけ残った』

世界を制するシステムの未来

ブランコ・ミラノヴィッチ 著

西川美樹 訳
みすず書房

二つの異なるタイプの資本主義、すなわちアメリカが体現する「リベラル能力資本主義」と、現在の中国に代表される国家主導の「政治的資本主義」の成り立ちと現状、問題点を分析する。資本主義が全世界を覆っている現代の社会構造を、多くのデータ、独自の歴史的視点、明晰な分析によって論じ、グローバルに拡大し続けることで格差を拡大する資本主義の問題点をあぶり出す。「エコノミスト」「フィナンシャル・タイムズ」「フォーリン・アフェアーズ」などのベストブックに選出。

——あなたが『資本主義だけ残った（Capitalism, Alone）』に書かれたアイデア、資本主義をリベラル能力資本主義と政治的資本主義の二つに分けるというアイデアは、とても合理的な発想です。その発想はどこから来たのでしょうか。

ブランコ・ミラノヴィッチ（以下ミラノヴィッチ）一口にリベラル能力資本主義（以下、リベラル資本主義）といっても、国によって少しずつ違います。アメリカはリベラル資本主義の典型ですが、ヨーロッパや日本ではまた別の要素も入っています。私は、古典的な資本主義、社会民主主義的な資本主義、リベラル資本主義とそれぞれ少しずつ異なるので、区別はしますが、それらは比較的小さな相違です。

しかし、政治的資本主義、あるいは国家資本主義と呼ぶ人もいますが、その資本主義では国家、つまり政治がはるかに大きな役割をもちます。資本主義であることは変わりませんが、国家が決断をすることができる、国家権力の力がより大きいということです。例えば、二〇二一年七月、中国政府は営利目的の教育機関を閉鎖することを断行しました。「双減」と呼ばれる教育規制を発表したのです。学習塾の新規開業は認めず、既存の学習塾は非営利化を強制するなど極めて厳しい内容でした。

これは明らかに国家権力の行使ですが、これほど強い権力は日本やアメリカには存在しません。そういう意味では、中国の資本主義とアメリカや日本の資本主義は異なります。私は民主主義という言葉をあまり使いませんが、おおまかに言って、中国は非民主的システムでアメリカや日本の資本主義は民主的システムです。

またリベラル資本主義では、政治権力のある地位に就くために、しばしば経済力が使われます。元タイ王国首相のタクシン・チナワット、イタリアのシルヴィオ・ベルルスコーニなど、枚挙にいとまがありません。もちろんアメリカでの選挙資金をみれば、政治権力が経済力で買われるのはごく普通のことです。

翻って、中国では経済力を得るために政治権力を使います。鄧小平の一族はたいへんな金持ちになったし、習近平もそうだと言われています。

アメリカと中国、資本主義のタイプは異なりますが、いずれのケースも政治権力と経済力の両方を蓄積する傾向があるエリートが創出されることは間違いありません。

不平等を永続化させないためにできること

――資本主義をリベラル資本主義と政治的資本主義の二つの範疇《はんちゅう》に分けたのはあなたが初めてですか。

ミラノヴィッチ　対照的な二つとして分けたのは私が初めてかもしれません。ただ、しばらく前から「中国は国家資本主義システムである」と言われていました。私はマックス・ヴェーバーの使った政治的資本主義という用語を、その概念に付け直したのです。

――リベラル資本主義は不平等を強化する、特に資本所有を集中させる傾向があると指摘しています。これに対して何か効果的な施策はあるのでしょうか。

ミラノヴィッチ　まず、あなたの質問の前半の論理を説明しておきましょう。世界各国の国民所得において資本と労働、どちらから所得を得ているのか、その比率をみると、過去三〇年間、資本からの所得の割合が増え続けています。それが、個人間の格差や不平等を作っています。元々資本をもっている人は、所得分布のトップにいる傾向があるからです。

裕福な家庭が、資本を所有することでさらに裕福になっているのです。その中には人的資本に恵まれている人もいて、いい仕事に就くことができます。彼らは子どもに多くを投資します。日本でも、そして今は中国でもそうなっています。中国は資本所有や、子どもを有名校に行かせられる力を使って、家族のパワーを維持しようとします。そういう子どもは最高の職に就き、高給を得られるようになります。そしてそれが永続化するのです。

さらに、そういうエリートは政治にも投資します。アメリカとドイツについては、それを実証するデータがあります。何かを議論したり、解決しようとするとき、少しでも優位な立場に立つため、エリートは政治も管理下に置こうとするのです。こうなると、システムの完璧な支配者です。家族の特権を維持しながら、法律さえも自分が有利になるように作るのですから。これは実に危険なことです。

そうやってエリートがつくられ、次の世代でもその家族からエリートが生まれ、エリートの創出が自己永続化します。これはリベラル資本主義にとって大きな危機です。実際に権力を維持していくエリートをつくり出すからです。

そこで、あなたの質問の後半部分に戻ります。もしあなたが、誰もがほぼ同等の機会をもつべきであるという考えであれば、このプロセスを止めるための施策が必要です。私はその施策として三つのアイデアを提案しています。

一つ目は、相続財産をコントロールすることです。富が相続されるときに、相続税や富裕税を通して、それをコントロールします。二つ目は公立学校での教育を私立学校での教育よりも優れたものにすることです。良い仕事に就くために、私立ではなく公立学校に行きたくなるインセンティブ（動機づけ）をつくるのです。三つ目は選挙や政治的な目的のための資金の使用をコントロールすることです。

現在はこの三つの点で、富裕層のアドバンテージが次世代に受け継がれています。ですから、それを防ぐように動くのです。それが私のアイデアです。

——富裕層が税金から逃れるために使っているタックスヘイブン（租税回避地）についてはどう思いますか。

ミラノヴィッチ　もちろん高所得者には高い税金をかけるべきです。ただ、課税だけですべてを解決するべきではないと思います。課税はあくまでも施策の一つです。というのも行きすぎた課税は、投資意欲や労働意欲を減少させるかもしれないからです。つまり、経済成長には確実にマイナスになるのです。

私が提案するもう一つの施策は、中流階級が資本により多くアクセスできるようにすることです。私は中流階級の人に株式取引をするだけではなく、金融資産をもっと所有してほしいのです。かつて、中流階級の人は投資をたくさんしていました。今ドイツや日本では多くの金を貯蓄に回していますが、貯蓄は投資ではありません。

貯蓄は安全な資産です。株券のような資産ではありません。もしあなたが五〇〇〇ユーロしかもっていなければ、それを株に投資はしないでしょう。投資という行動が金融資産を生み出すのですが、残念ながら、二極化が生じ、裕福な人しか投資ができず金融資産を所有していないのが現状です。ほとんどの先進国では、人口の三〇パーセントの金融資産はゼロかマイナスなのです。

――不平等の話でいうと、資本所得の不平等の度数を表すジニ係数が、先進国の中でも日本は突出して高いのに対し、台湾が低い理由はどこにあるのでしょう。

ミラノヴィッチ　台湾のジニ係数は非常に興味深いケースです。台湾では、かなり平等に資産分配がなされています。

その理由の一つに、歴史的な経緯があります。日本が太平洋戦争に敗北したことで、日本人が所有していた台湾の多くの資産が国有化され、それが比較的平等に民営化されたからです。

二つ目の理由は、台湾は日本や韓国とは違って、昔から小規模の生産業者の国であることです。台湾人は比較的平等な条件で経済を発展させたのです。

スタートラインが平等な財産から始まっていますので、あとは技術力に投資するだけで、それが税収の増加につながります。そうなると大規模な課税や再分配は必要ありません。その点からみても、台湾は興味深いケースです。

「釣り合った結婚」が、不平等を拡大している？

――あなたは、不平等が拡大した理由として「相続税などの税金の優遇」「教育の格差」の他に、学歴や所得水準が同じ程度同士の「釣り合った結婚」を挙げています。これは不平等の拡大をどれだけ助長したのでしょうか。

ミラノヴィッチ　格差は見方によって変わるので難しい質問ですが、いくつかの研究では、釣り合った結婚によって格差が九～一〇パーセント増すことがわかっています。

女性が教育を受ける機会が多くなったおかげで、労働力の一部として働くことも多くなりました。これは独立や意思決定の面でよりチャンスが多くなるということを意味します。意思決定には誰と結婚するかも含まれます。つい五〇年ほど前まで親が結婚相手を決める時代でした。そういう点ではかなり発展はしましたが、人はどうしても収入や興味や教育レベルで自分と同じようなパートナーを選ぶ傾向があります。それだけでも単純計算で格差が広がります。高所得者同士のカップルと低所得者同士のカップルが生まれるわけですから。

ただ、格差は複雑です。女性にも教育の機会が平等にあるというような、ポジティブな発展でも格差の拡大につながります。格差は悪いことだから、どんな格差も取り除かなければならないということではありません。我々は人が、自分が選んだパートナーと結婚することを止めることはできません。
社会にとって良い発展であっても、それが実は格差を引き起こす作用があることも事実なのです。

——あなたは、「同一世帯（あるいは個人）のなかで高い資本所得と高い労働所得が結びつくこと」を「ホモプルーティア（homoploutia）」と呼んでいます。この「ホモプルーティア」はまったく新しい概念ですか。

ミラノヴィッチ　これは私が本で紹介した新しい言葉です。新語を考案する人は誰でも、ギリシャ語に頼ります。homoploutia の、homo は「同じ」、ploutia は「富」という意味です。つまり文字通りの意味は、equal wealth という意味です。リベラル資本主義における所得配分の上位一～一〇パーセントの中には高い労働所得の受領者がいること、そして高い労働所得と高い資本所得の両方を受けとる割合が増えていることがわかっています。このように同一世帯や個人の中で高い資本所得と高い労働所得が結びついていることを意味します。ルクセンブルク所得研究（ＬＩＳ）データベースで調べると、「ホモプルーティア」はすべての国に存在します。

ヨーロッパであろうと日本であろうと、実業家について一九世紀から二〇世紀初期に書かれたものを読むと、裕福な実業家は、労働者として働いていませんでした。彼らの収入は資本所有を通してか、あるいは事業の経営を通して入ってきていたのです。

ところが現在の企業経営者、CEOは働き者で収入も多い。雇われたCEOの場合は、明日解雇されることもあり得る。でもCEOという地位にいるので株も他の人よりも多くもっていますから、アドバンテージがあります。株という資本からの収入があるのです。これが新しい階級をつくり出します。高学歴で大金を貯めた、あるいは地位や相続から大金を得た人たちです。彼らは賃金も高く、資本収入も多い。そういう人たちを私は「ホモプルーティア」と呼びます。

具体的な数字を挙げると、アメリカでは、トップ一〇パーセントの三分の一の人が労働賃金でも資本収入でもトップ一〇パーセントに入っています。これは驚くべきことです。

最も成功している国は、他国から真似されやすい

——新型コロナウイルスの対応において、中国の政治的資本主義の強権発動が西欧諸国のリベラル資本主義より効果的な対策を行ったことで、その優位性をアピールしました。世界では民主主義国家より権威主義国家の数のほうが増えており、この傾向は依然として続いています。パンデミックによって、ますます多くの国が政治的資本主義を採用するようになるのでしょうか。

ミラノヴィッチ　まず一般論として、歴史的にみて経済的に成功している国は他国に真似される傾向があります。そして、その成功モデルが世界に広まります。

歴史上、最初の成功モデルはイギリスの産業革命です。イギリスは世界で最もパワフルな国になっただけでなく、そのシステムは他国に真似されました。次に成功モデルになったのはアメリカです。一九六〇〜七〇年代は日本の番。日本は世界に衝撃を与えました。

過去五〇年をみると、中国が経済的に最も成功した国であることは疑う余地がありません。かなり低いレベルからスタートして、今はほどほどの繁栄のレベルに達しました。この事実をみて、他国は中国がどうやって成功したのか、我々も同じようにできないのか、と考えるのです。しかし、中国には、アンゴラやハンガリーや他の国も、そう簡単には真似できない特徴があります。それは、広大で人口の多い国土を統治するために中国で独自に発展した「地方分散型の権威システム」です。地方の経済政策についてはかなりの自由裁量を与え、成功した地方の指導者には報酬を与え、他の地域でも試してみる。失敗した者は罰する。それを一党独裁の中央集権がコントロールする、というシステムです。この中国モデルが基盤とするのは、帝政時代からの地方分散の伝統で、これは他の国には存在しないのです。

真似することは難しいのですが、これは需要と供給の関係です。中国のシステムを求める需要があるのです。

もちろんそこには供給の要素もあります。最近は、米中対立のせいで中国は自国のシステムを供給したいという傾向を強めたと思います。実際のところ、中国は自国のシステムを他国に対してパッケージ化して、ほらあなたの国もできますよ、と宣伝しようとしています。私は中国の新聞を毎日読んでいますが、そのことが手に取るようにわかります。その中で中国は、自国の政治システムや経済面の意思決定の仕方のほうが他国よりも効率がいいと主張しています。

アメリカも自国のシステムを非常にうまくパッケージ化して世界に広めようとしてきました。もし今あなたが、例えばジンバブエにいて、彼らに経済発展のためにこれから何をすべきかと訊けば、民営化して、規制緩和して、関税を下げろと言われるでしょう。とても単純なことです。中国のやり方はそこまで単純なパッケージではありませんが、今それに取り組んでいるところです。私は、「一帯一路」の構想もその意味で捉えています。つまり、その構想は実際には、思想的・経済的パワーを海外に向かって提案する試みなのです。

――新型コロナウイルスを断固たるロックダウンで抑え込んだことも、中国が自らのシステムの優位性を売り込むのに役立ったと思いますか。

ミラノヴィッチ　パンデミックについての事情は経済面とは少し異なります。中国はワクチンを開発し、西洋よりも積極的にそれを無償供与し、最前線に立ってできるだけのことをしました。他国よりも先にロックダウンを実施しました。

一つとても対照的だったのは、権威主義国は現実に生命を守るためにロックダウンを通して経済を犠牲にしましたが、アメリカのような民主主義国は中国のようなロックダウンまではしなかったことです。経済を人命よりも優先させたのです。

この事実は本当に興味深いことです。以前は誰も、民主主義システムにおけるトレードオフとして、人命よりも経済が優先されるとは、予想もしなかったでしょう。ロックダウンとは、経済を犠牲にして人命を守ることを優先する決断です。中国は一貫してそれを実行し、アメリカやイギリスは一貫してその正反対のことをやってきたのです。

共産主義は実際、世界をどのように変えたのか

――あなたは、二〇世紀の共産主義革命そのものが、一九世紀の西洋の革命で国内のブルジョアジーが果たしたのと同じ役割を果たしたと言っています。これはどういうことでしょうか。

ミラノヴィッチ　一九二〇年代、第一次世界大戦後、アジアやアフリカに植民地がたくさんできました。そこでは、左派の政党がしばしば左派のブルジョアジーと連携しました。共産主義者はベトナムや中国ではうまく組織化され、政権の座を獲得すべく、積極的に戦っていました。

左派政党には明らかに二つの目的がありました。それは、毛沢東が示した「克服しなければならない二つの山」の排除です。一つ目の山は外国の帝国主義と植民地支配です。中国は完全には植民地化されませんでしたが、多くの点で植民地主義によって支配されていました。二つ目の山は、国の発展を阻んでいる封建制度あるいは疑似封建制度です。彼らの目的はこの二つの山を排除することでした。

実際のところ、その二つの山の排除は左派政党によって、効果的に達成されました。彼らはマルクス思想のような左派の思想に基づき中央集権化され、植民地支配からの解放も

封建制度の排除も非常にうまくいきました。それは中国やベトナムだけではなく、アンゴラ、アルジェリアやビルマ（ミャンマー）でも同様でした。そういう国では共産主義は功を奏して、国を解放することができました。だから中国では正規軍のことを人民解放軍と呼ぶのです。女性や教育や土地所有について新たな制度を導入するために、封建的な、あるいは疑似封建的な制度はすべて破壊されました。

彼らが予期していなかったのは国内に資本主義を導入することでした。計画にはなかったからです。でも資本主義が社会主義よりも機能がすぐれているとわかると、徐々に資本家との関係で生産活動するようになっていきました。つまり、計画にはなかったけれども、実際に起きたことは国内用の資本主義、政治的資本主義の誕生でした。

――ここで、あなた自身は共産主義をどう定義するのか、明確にしてください。

ミラノヴィッチ　これまで述べてきたことを考慮して言うと、共産主義とは、国内に政治的資本主義を導入し、国を外国の支配から解放する運動です。

私がやろうとしたのは、共産主義のグローバルな歴史的役割を考察することでした。その役割が、まさにその二つなのです。外国によってコントロールされている、つまり植民地化されていた国で果たされた、共産主義の役割です。これは歴史の皮肉です。というのもマルクス主義者の単純化された歴史構造では、共産主義は資本主義から必然的に繋がるものだとされていますが、そうではなかったのです。実際は、非西洋の資本主義を他の国に導入する手段だったのです。これに対し、西洋諸国における革命には、外国による支配の要素はありませんでした。ブルジョアジーが封建制度を排除しました。ですから、民族解放もなかったのです。

――実際に、共産主義が成功したと言える国はどこでしょう。

ミラノヴィッチ　意外にも共産主義を成功させたのは、それまであまり発展していなかった国です。その理由は、共産主義というシステムがあまり複雑ではない、大規模な産業化においてこそ成功するからです。ダムや発電所、送電網システムなどは技術的には複雑ですが、供給源を中央集権化すれば、比較的簡単に大規模産業化が可能です。レーニンが「共産主義とは何か」と説いたときの有名な言葉があります。それは「ソ連＋電力の供給」という言葉です。カザフスタンやロシアはその点で成功しました。しかし、かつてのチェコスロバキアのようにより発展した国になると、すでにそれなりの技術革新が進んでいたので、そのようなシンプルなテクノロジー革命は必要ありませんでした。

中国が政治的資本主義を採用せず、共産主義のままであれば、今よりは経済的に成功していなかったでしょう。

――あなたはご著書の中で「腐敗は政治的資本主義にとって、したがって中国にとってシステム的かつ固有のものである」と書いています。適度な腐敗を受け入れることが、成功の秘訣だったとも書いています。しかし他国、例えばロシアが同じことをやると新興財閥（オリガルヒ）の台頭を招くなど失敗すると言っています。現在の中国がこの点、うまくいっているのは、中国独自の歴史にあるのですか。

ミラノヴィッチ　中国の政治的資本主義に話を戻すと、腐敗は政治的資本主義システムに固有のものだと思います。そのシステムに内在する、矛盾した二つの要素が、国の支配を強化するとともに、腐敗を生むのです。要素の一つは非常に高度の専門技術をもち、ルールに厳格な官僚組織です。もう一つは、法的根拠なしに誰かを、例えばアリババ創業者のジャック・マーのような人を罰したり、逆に他の誰かにアドバンテージを与えたりできる権限です。この二つの対照的な要素の中で、腐敗が大きくなります。腐敗はこのシステムに特有なものなのです。この矛盾があるから、中国で二〇一三年に始まった反腐敗運動があるのです。腐敗というのは、溢れる川のようなものです。水量が増すと突然川が溢れるように、腐敗があちこちから溢れて、沼地になり始める状態です。

――「政治的資本主義」を実践する国家で、中国以外に成功している国はどこでしょうか。その成功の理由はどこにあるのでしょうか。

ミラノヴィッチ　まずマレーシアとシンガポールでしょう。その二カ国には同じではありませんが似たような要素があります。マレーシアは独立するために軍事衝突がありました。その後は六〇年ほど一党が支配していました。二〇一八年にようやく政権交代が行われましたが、非常に長い間事実上の一党独裁でした。これはシンガポールにも当てはまります。他にはアルジェリア、アンゴラ、ビルマなども含まれます。中国は最たる例ですが、そういう国は世界で一一～一三カ国あります。そのうち、マレーシアとシンガポールが成功した理由は一党支配（独裁）が長く続いたからです。

これら「成功した国」の中にロシアを入れなかったのは、ロシアが歴史的条件を満たしていないからです。ロシアは植民地化されたことがありません。もちろんロシアは政治的資本主義であるかどうか訊かれれば、そうですすと言いますが、歴史的な条件は満たしていません。

アメリカと中国が向かう先はどこか

——二〇二一年一二月、ジョー・バイデン大統領は「民主主義サミット」を開催し、多くの国が招待されました。ロシアと中国は憤慨していますが、そのサミットの成果をどう見ますか。

ミラノヴィッチ　私はこのサミットには強く反対しました。リベラル資本主義と政治的資本主義、この二つのシステムを無理やり戦わせるべきではないと思います。二つの価値観が両立しないとなると価値観の競争になってしまいます。私は合わないことはまったくないと思います。以前ソ連とアメリカの冷戦時代には合わなかったかもしれませんが、現在の中国とアメリカのシステムは合わないことはありません。人は二国間を自由に旅します。ご存じのように中国は海外への旅行者数が最も多い国です。さらにその二カ国はお互いの国に投資しています。どちらにも株式市場があり、どちらにも職業安定所があります。競争はしますが、相容れないことはありません。私はこの二つのシステムは、互いに敵だとみなすべきではないという立場をとります。

——バイデンがこのサミットを開催した思惑は何だったのでしょうか。ロシアと中国をけん制するためでしょうか。

ミラノヴィッチ　地政学的な思惑であることは疑う余地がありません。地政学的な米中対立が、民主主義vs.権威主義という価値観の領域に転換されているのです。単に中国にパワフルになってほしくないという理由だけで、米中対立を他国に納得させることはできません。でも民主主義と権威主義の対立と言えば、一一〇カ国を自国の味方につけることができます。そうすることで中国とロシアにメッセージを送ることができます。しかし、結果的には、バイデンが意図したほどの効果はありませんでした。

――あなたは、「北朝鮮を除けば中国は同盟国をひとつももたない。これは将来、覇権国になるであろう国には予想しがたい態度である」と書いています。同盟国もないのに中国はどうやって世界の覇権国になることができるのでしょうか。

ミラノヴィッチ　それが問題です。中国は世界の覇権国ではないし、同盟国ももたない。それでも、GDPは世界第二位、購買力では世界一位です。人口の点からみても巨大な国です。歴史的にもヨーロッパとは異なるやり方で、国力や権力を強めてきました。

中国は一九七八年からいわゆる、土地の民間への賃貸借契約を許した「農家生産請負責任制」を始めました。今は共通の繁栄を確保するためにこれが行われています。かつては一部の地域や村に限られていました。私はこの責任制を最初に始めた村を実際にこの目で見たことがあります。中国では、ことがそこでうまくいけば、他の地域にも適用されるのです。もっと大きな規模、最終的に全国で実施されます。

これは非常に注目すべき戦略で、私が知っている限り、他のどの国も使っていないやり方です。地方分散化の要素と共産党の中央集権の支配を組み合わせたものです。もちろん中国のこの発案は、分散化された決定それだけでは独立して実行されません。共産党の支配があるから、やりたい放題にやることはできません。

このシステムを他の国で再現することはとても難しいのです。他の国は中国より小さく、例えば、非常に異質な（不均一な）ナイジェリアで分散化を実施すれば、異なる地域間で対立が生じます。

――あなたはこれからの資本主義を「リベラル資本主義のまったく異なる進展とは、金権政治、そして最終的には政治的資本主義に向かう動きになるだろう」と書かれています。あなたは、人間がその本性に従えば、将来的には政治的資本主義がリベラル資本主義よりも優勢になると考えているのですか。

ミラノヴィッチ　いいえ。私は予測をしないように細心の注意を払っています。ただ、リベラル資本主義の国で政治におけるお金の重要性について述べたように、中流階級や一般人が政策決定に与える影響がますます減少するという意味で、リベラル資本主義は事実上の金権政治に繋がる可能性があると思います。

興味深いことに、富裕層は政党に資金を提供しているだけでなく、メディアに非常に強い影響力をもっています。メディアと政治への影響力を考え合わせると、どれくらいお金をもっているかということによって真の権力者が決まってしまいます。四年ごと、あるいは二年ごとに選挙が行われる民主主義であっても、結局すべてのことが権力をもっている人、お金をもっている人によって決められることになります。そうなるとますます真の民主主義から遠ざかっていきます。

それこそが本当の危機であるというのが私の意見です。いま、ポピュリズムが問題になっていますが、それよりもこちらのほうが「いま、そこにある危機」です。ポピュリズムは移民問題や他のことで支持度が変わりますが、金権政治はリベラル資本主義にあらかじめ組み込まれた力で、より長期的な力なので、私は金権政治のほうがポピュリズムよりもはるかに危険なものであると思います。

——あなたは「共産主義はその機能をまっとうし、今後、人類の未来の歴史に何らかの役割を果たすことはなさそうだ。それは未来のシステムではなく、過去のシステムなのだ」

と言います。一方、欧米や日本では、もはや気候変動や格差、際限のない消費を止めるためにはいわゆる「脱成長コミュニズム」しかない、という主張もあります。この主張をどう思われますか?

ミラノヴィッチ　それはとても難しい質問です。まず資本主義に対応するコミュニズム本来の定義は、生産の手段が国家に所有されていることです。意思決定が中央集権化されている状態ですが、それを求めている人は実際にはどこにもいません。その主張をしている人は、いま言ったコミュニズムの標準的な定義でコミュニズムを提唱しているのではないと思います。資本主義の限界を提唱しているのです。脱成長を追求するということは、実際には資本主義をその核となる機能の部分で攻撃していることになります。というのも、資本主義のパワーとは基本的に人間の私利私欲に訴えることだからです。そうなると人は、利益を生み出すエンジンに燃料を供給し始めるのです。私たちはみんな利益最大化の小さなマシンになるのです。

しかし、その部分を攻撃し、商業化は必要ないと考えるのなら、成長は起こりません。我々の社会が、ゼロ成長の、静止した社会であると想像してみましょう。利益はほぼゼロに近い社会です。彼らは成長を生み出すポテンシャルを制限しようとすることで、資本主義を攻撃しているのです。

脱成長は収入に大きな差がある世界では、実行不可能というのが私の意見です。貧しい国や貧しい人は永久に貧しいままになるか、あるいは西洋や北米や日本やオーストラリアのような裕福な国で、収入の半分を失うことになるからです。収入の半分を失いたいと思う人はいません。

まとめると、あなたが言っているのは、コミュニズムの従来の定義でのムーブメントではなく、資本主義を制限し、抑制することをねらったムーブメントです。私はそれにある程度賛成しますが、それが本当に成功すると、我々が理解している資本主義の死を意味するでしょう。その意味では政治的な支持は得られないと思います。それが私の脱成長に対する考えです。


（二〇二一年一二月二三日インタビュー）

第3章

世界中の人をドーナツの中に入れる

KATE RAWORTH

ケイト・レイワース

イギリスの経済学者。オックスフォード大学環境変動研究所上級客員研究員、ケンブリッジ大学持続可能性リーダーシップ研究所上級客員研究員。アムステルダム応用科学大学実務担当教授。21世紀の社会と環境を見据えた包括的なシステムを構築するために提唱した「ドーナツ経済」は国際的に高く評価されている。SDGsをはじめ、持続可能な開発に携わる専門家、学者、政治家など多くの人に支持されている。

『ドーナツ経済』

ケイト・ラワース 著

黒輪篤嗣 訳

河出文庫

限界が見えてきた地球環境と資源の上限を超えることなく、社会的土台の不平等を是正し、世界中の人々が幸福な社会をつくるにはどうしたらよいのか？　ドーナツ型の図で示される社会構造の変革によって、今、世界が直面している問題を解決しようとする野心的な試み。21世紀の経済、社会、環境を考える多くの人に影響を与えている。

——あなたの提唱する「ドーナツ経済」と、国連が採択したＳＤＧｓ（持続可能な開発目標）との関係を教えてください。国連のＳＤＧｓの一七の目標の担当者から、最終草案を練る会合で、ドーナツ図がテーブルの上に置かれていたと言われたそうですね。

ケイト・レイワース（以下レイワース）　そうです。二〇一五年の秋に国連でＳＤＧｓの最終草案を議論しているときに、まさに私のドーナツの概念図がそのテーブルにあったと言われました。大きなビジョンを見失わずに議論するためだったそうです。私はそれを聞いてとても光栄に思いました。

ドーナツの外側の輪は、人類にとっての地球環境やシステムの限界を表していて、これは最先端の地球システム科学に基づいています。ドーナツの内側の輪は、世界中の人々が人間として最低限享受すべき社会的な土台を表しています。二一世紀の人類の目標は、すべての人がこのドーナツの中に入ることで、経済もそのように設計しなければなりません。

私が最初にドーナツ図を描いたのは二〇一二年です。私が働いていたオックスファム（貧困をなくすために活動する国際ＮＧＯ）が出版した、討議資料の一部でした。二〇一五年に国連のＳＤＧｓが発表されると、私はドーナツのセカンド・バージョンを作りました。その要素はすべてＳＤＧｓから取りましたが、先にあったのはドーナツ図のほうです。

私は国連総会でドーナツ経済のプレゼンをするように招待されました。そのプレゼンで「ドーナツ図は世界をリードする科学者たちの意見であると同時に、あなたたちの議論の集大成なのです」と発表しました。私はいつもドーナツ経済とSDGsは、いとこ同士の概念と言っています。健全な形で互いに影響を与え合ったのですから。

二〇一七年に『ドーナツ経済（Doughnut Economics）』の本を上梓すると、世界中で注目を集めました。ローマ教皇フランシスコ猊下《げいか》に支持されたのです。イギリスで最も愛されているナチュラリスト、デイヴィッド・アッテンボローやアイルランドの大統領にも支持されました。オランダの前首相は二〇一八年五月、オランダ議会の入り口に立って、ドアを通るすべての議員に私の本を手渡しました。アムステルダム市長はドーナツを市のゴールとして採用すると言いました。

私は、このアイデアを行動に移すために、ドーナツ経済活動研究所（Doughnut Economics Action Lab）を共同設立しました（https://doughnuteconomics.org）。

自然科学が経済学に投げかけた課題

――あなたがドーナツの概念図を初めて描いたときのことを詳しくお話しいただけますか。

レイワース　私はずっと経済を別の視点から見直すための新しい概念や基準を見つけたいと思っていましたが、どこから始めていいのかわかりませんでした。私が産休を終えて戻ってきたときに、同僚の一人が休暇中に発表された興味深いアイデアを教えてくれました。それがプラネタリー・バウンダリー（地球の限界）の図だったのです。それはスウェーデン出身の環境学者、ヨハン・ロックストロームらによる論文でした。

その円形の図を見たときに、これは自然科学が経済学に突きつけた挑戦状だと思いました。つまり、経済学者たちが、経済は生物界の一部であるのに、それを破壊していることを認めようとしないのであれば、我々科学者があなた方に代わって行動

ドーナツの基本要素

人間が飢餓などに悩まされず幸福に暮らせる社会的な土台が内側の輪、環境や資源の面でそれ以上地球に負担をかけてはならない線が外側の輪。2本の線で挟まれた部分に、世界中の人々が入ることを目標とする。

出典：ケイト・ラワース著『ドーナツ経済』（河出文庫）より作成

する、我々があなたに代わってこういう絵を描きますと言っているように思ったのです。人間が安心して暮らせる範囲というものがあり、私たちはその限度を超えてしまったのです。だから今、私たちはその安全な範囲の内側に戻ってこないといけない。彼らはそこに測定基準も導入しました。大気中の二酸化炭素濃度の上限は350ppmで、すでに私たちはその限度を超したというのです。具体的な数字を使うのは、とても賢いやり方でした。経済学者やジャーナリストたちは、数字を見たら反応するからです。

私は今でも、自分のデスクに座って、これは新しい経済学の始まりだ、と思ったことを覚えています。彼らは、経済活動には外側の限界があると言っていました。私はこの図に社会正義を入れたいと思いました。科学者たちが経済学者に挑戦状を突きつけたので、私はもう一つの挑戦状を追加したのです。

外側の輪の中に、私は内側の輪を描きました。それを一人の科学者に見せました。彼はプラネタリー・バウンダリーを描いていたチームの一員でしたが、私が内側の輪を描いて見せると、「それは円形ではなく、ドーナツの形だ。まさにそれが我々の図に欠けていた部分だ」と言いました。

経済学の最初の講義はドーナツから始めるべきだと思います。一八歳、二〇歳など若い世代の人はこの現実の中に生まれてきたのです。彼らは二〇五〇年には政治家、ビジネスリーダー、コミュニティ・アクティビスト、財団設立者、ジャーナリスト、弁護士になります。彼らこそ「ドーナツ経済」を実行できるかどうかを決定するチェンジメーカーになるのです。ドーナツが彼らの教育の核になるべきです。

今でも彼らが大学の経済学の講義で「需要・供給の法則」から教えられていると聞いてショックを受けました。出発点からして時代遅れなのです。

GDPという指標は、誰のためにあるのか？

――あなたは『ドーナツ経済』で、GDPという指標と、経済成長に依存する経済が問題である、と指摘しています。日本の経済ニュースでも、GDPや経済成長という言葉は必ず登場します。多くの人たちがその二つが我々の生活を豊かにするはず、と刷り込まれています。この思い込みを覆すには、どうしたらよいのでしょう。

レイワース　経済においてGDP成長を重視する考え方はここ八〇年くらい続いています。GDPは一九三〇年代にサイモン・クズネッツがアメリカ政府の求めに応じて考え出した数値です。今でも政治家やマクロ経済についてのスピーチでは、GDP成長率の上昇が経済発展の指標であるという前提で、クズネッツの名前が出てきます。しかし、実はクズネッツ自身、GDPが国の福利を表すものではない、と警告していたのです。ところがGDPの数字の単純さ、数字の魔力からか、その警告は無視されました。

今こそGDPを指標にすることがおかしい、と異議申し立てすべきです。何より私たちは、この数十年間で世界各国のGDP成長が途方もない環境破壊を引き起こしたことを目の当たりにしてきました。経済成長が人々に損害を与えてきたことは明白です。実際、GDPに何の意味があったというのでしょう? それは誰のためのものだったのでしょう。少なくとも私のためのGDPではありません。GDPが成長したと言われても、私の賃金は何十年も変わっていません。

これは平均的なアメリカ人に当てはまる話です。国の経済は成長したかもしれませんが、労働者の賃金や本当の収入はずっと停滞しています。誰が利益を得ているのでしょうか。株主への配当利益は著しく上昇しましたが、労働者に払われる賃金は下がっています。GDPの成長は国民のより良き生活にまったく繋がりません。この関係は最近ますます顕著になっています。

今、私たちはコロナ禍の真っ只中にいます(二〇二一年七月時点)。このような危機はGD

Pを下げる傾向にあります。私たちは経済に再び火をつけなければなりません。ただ、短期的な対処法をとるのではなく、長期的な道筋を考えて行うべきです。健全な経済は常にいつまでも成長し続けなければならない、という西洋的な経済思考について、根本的に考え直す時期です。

経済学から一歩下がって、エコロジーに目を向けてみましょう。私たちが生きている世界を見てください。成長はすばらしい、人生の健全な段階であることに気づきます。自分たちの子どもが成長するのを見たいと思うし、庭に草花が咲くのを見たいと思います。しかし、自然にあるものは永久には成長しません。私の子どもは双子で、今一二歳です。身長は、ちょうど私の目の高さですが、すぐに私よりも背が高くなるでしょう。彼らの成長はとても健全です。でも、もし子どもたちが毎年ずっと、二インチ（約五センチ）ずつ成長し続けたら、文字通り私の家には収まらなくなります。

毎年ずっと三・五パーセントずつ成長する経済をどうしてつくろうとするのでしょう。それはもはや地球には収まりません。

私たちは今、二一世紀における経済の存在そのものにかかわる問題に直面しています。今までは成長してきたかもしれませんが、このまま「永遠の成長」に依存しようとする経済の構造に終止符を打ち、それに代わって繁栄する経済をつくり出すことができるかどうか。それが、私たちが直面している課題です。

コロナ禍でできたことが気候変動では何故できない?

——今、コロナ禍の話が出ましたが、あなたは「市場には不得手なことがある」と言って、その例として公共財の「予防接種」を挙げています。各国のワクチン接種についてみると、国の政治力の差が浮き彫りになったようです。今回のパンデミックは何を明らかにしたと思いますか。

レイワース まず一つ目は、リーダーシップです。コロナ禍の当初、私たちは国によって異なるリーダーシップの見本を目の当たりにしました。ボリス・ジョンソンやジャイル・ボルソナロやドナルド・トランプのように、我々はこの危機を切り抜けられると豪語した国のリーダーがいました。最初は新型コロナウイルスは深刻な問題ではないと一蹴していましたが、実際は彼らの国で問題がより深刻なものとなりました。このウイルスを政治的なキャッチフレーズや情報操作で克服できると考えるのは間違っています。これは科学の問題なのです。

他の国では、空港や国境だけでなく、学校まで閉鎖にするような、断固たる行動を取ったリーダーもいました。なのに、当時のアメリカとイギリスの政府は個人の自由を重んじるあまり、人々の生活に介入することを躊躇したのです。それで感染が拡大しました。

二つ目は、多くの政府がやろうと決断したことをすぐに実行できたこと。これには驚きました。世界中の政府はパンデミックに対応して何日も経たないうちに国境を閉鎖し、学校を閉鎖し、飛行機を運航停止にし、自宅待機させた労働者に賃金を払い、ホームレスに住居を提供し、ワクチン開発の資金も提供しました。政府は昔からずっと実行できないと私たちに説明してきた多くのことを、このコロナ禍で実行しました。

ここで私が言いたいのは、これだけの行動に出た、まさに同じ政府が、コロナ禍という人類の健康の危機ではなく、地球の健康の危機、気候変動という危機に対しては、一九九二年の国連気候変動枠組条約の採択以来何十年も科学を疑い、行動を遅らせ、責任をなすりつけ合い、規制を実施しないで、代替策に資金を出さずに、実際のところ化石燃料に何兆ドルもの資金を提供し続けたということです。人類の健康の危機に対応して、すぐに実行できることが示された行動と、地球の健康の危機をめぐって何十年も何もしなかったこととの、この差は本当に大きいと思います。

――『ドーナツ経済』を拝読して、経済学がこれから向かう方向性は複雑系科学や生物学から学ぶ方向にシフトしているように思えました。

レイワース　それはまさに私が強調したかったことです。一九九〇年代、私が経済学を学んでいたとき、教えられた根底にあるメタファー（隠喩）はニュートン力学でした。

アイザック・ニュートンは運動の法則を発見しましたが、経済学者も経済の運動の法則を発見しようとしています。ですから経済を学んでいる学生は今でも「需要・供給の法則」や「収穫逓減《ていげん》の法則」を教えられます。しかし、実際、これらは法則ではありません。経験則にすぎないのです。

実際は、物理学より生物学のほうがはるかに良いメタファーを提供してくれます。人間の身体もそうですが、生物界はとても複雑なシステムでできています。経済にぴったり合うアナロジーやメタファーを見つけるには、物理学より生物学のほうが可能性が高いのです。私たちは生物や進化やエコシステムの複雑なシステムに適合する経済をつくり出さなければなりません。繁栄したいのであれば、経済をそういう複雑なシステムと融合しなければなりません。

世界は絶えず変化する動的なシステムで溢れています。私たちの身体は信じられないほ

「21世紀のコンパス」としてのドーナツ

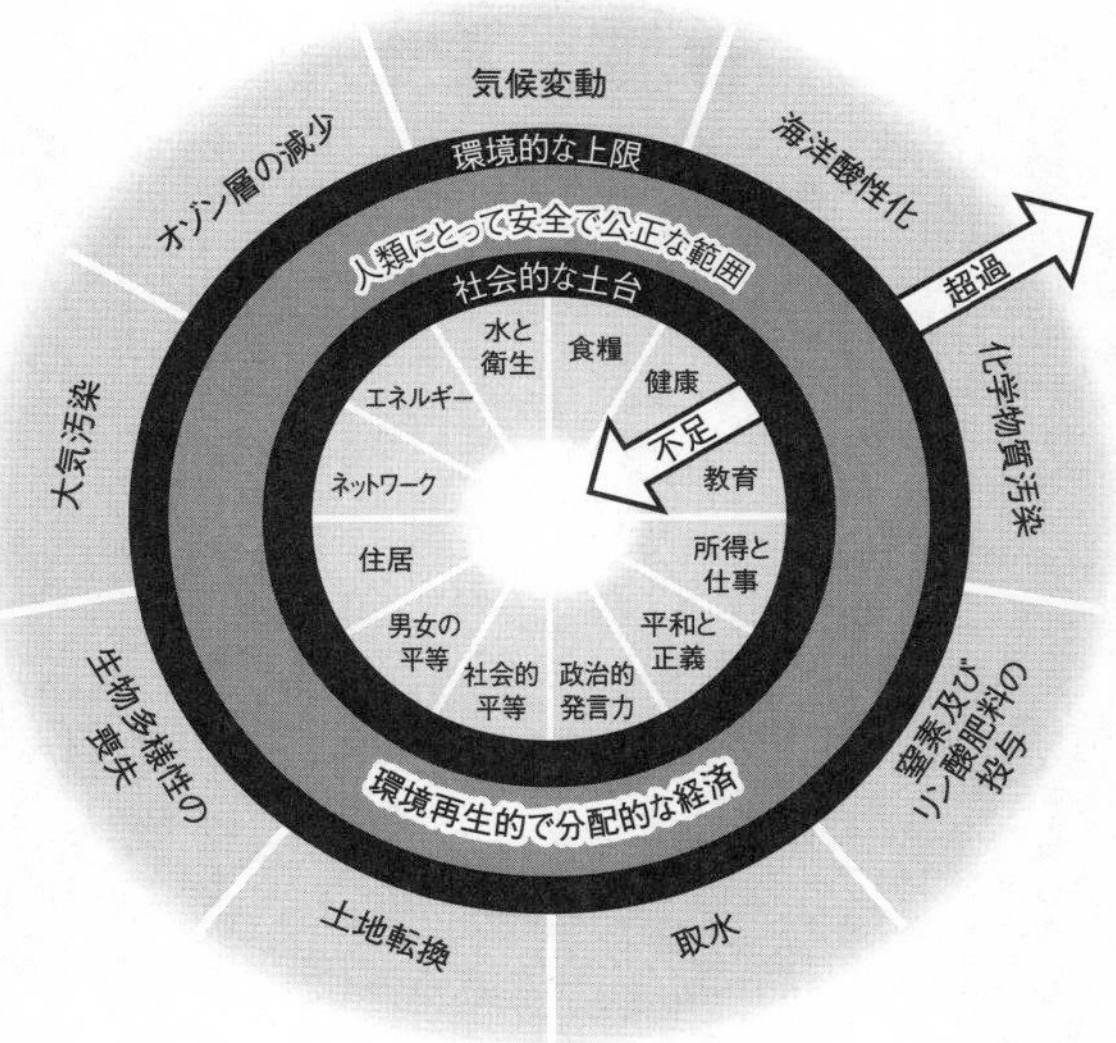

ドーナツの外側の線は、超えてはならない地球の環境的な上限を表す。気候変動や化学物質による汚染などがその原因だ。内側の線は、人類が安心して暮らせる最低限の社会的な土台を表す。食糧や健康などのほか、社会的平等なども含まれる。2本の線に挟まれたドーナツの部分が、環境的に安全で、社会的に公正な範囲である。

出典：ケイト・ラワース著『ドーナツ経済』（河出文庫）より作成

ど動的なシステムで、絶えず私たちをバランスが取れた状態に戻してくれます。金融危機、鳥の群れ、ファッションなどそこら中に動的なシステムがあります。ひとたび、この思考法の核を学ぶと、突如ありとあらゆるところにそれが見えるようになります。すると経済も複雑な、ティッピングポイント（不可逆的な変化を引き起こす臨界点）やフィードバック・ループのある適応システムであることに気づかざるを得ません。そのようなレンズを通して経済を見るとワクワクします。

私は大学で経済学のコースを教えていません。私が教えているのは環境変化や環境管理で、まさに最初に教えることがシステム思考の基本なのです。

——現在の経済は、何でも金銭的なインセンティブ（意欲を起こさせる刺激、奨励金など）を使って問題を解決していく傾向があります。あなたは、「金銭的なインセンティブを利用する」ことの危険性を説いています。企業人にしみ込んだこのやり方を変えていくには、どうしたらよいのでしょう。

レイワース　私が興味をそそられた事例はタンザニアで行われたリサーチです。一つのグループには校庭に植樹をするのを手伝ってもらうのに、最低賃金を払うと言いました。仕事の後、その人たちは、思ったよりきつい仕事だった、労働時間も長かったと言いました。

市場原理に基づいた関係だったからです。もう一つのグループには賃金を支払いませんでした。すると、彼らは自分のコミュニティに有益なことをした気持ちになったと言いました。金銭的なインセンティブを使わずに、コミュニティのメンバーとしてかかわったからです。

実際に私たちが今やっていることに金銭的なインセンティブを入れると、私たちの関係の土台を変えてしまうのです。もしあなたがこのインタビューに謝礼を払うと言い出したら、私たちのかかわり方が変わってしまいます。

実際、私たちが市場関係にある場合、私たちはリターンを最適化するべきである。つまり、相手と交渉し、競争に勝つべきである、と教えられてきました。一方、金銭を絡めなければ、私たちはまったく違う性質を発揮します。私たちは交換し、与え合い、贈り合う関係になるのです。私たちは互いに助け合い、より大きな社会的価値を探し、その行動自体に満足感を覚えるのです。

この他にも、人がモチベーションを得る方法はたくさんあります。女の子たちはパキスタンのマララさんを見て刺激を受け、女性が教育を受ける権利の擁護者になろうと思います。優れたリーダーが私たちにインスピレーションを与えてくれるのです。

ティッピングポイントから離れていないといけない

——途上国への経済介入のほとんどが、経済学者のジョージ・デマルティノがいう「マキシ・マックス」の原則に従うことで間違えるといいます。それは「あらゆる可能な政策の選択肢を挙げ、その中から、もし成功すれば最善の結果をもたらすであろう選択肢を選ぶ」という原則で、問題なのは、その選択肢が本当に成功するかどうかは十分検討されていないことです。この人間の陥りやすい誤謬《ごびゅう》は、一見根拠の乏しい各国の温室効果ガスの削減目標にも表れていませんか。

レイワース　我々は何十年間も気候変動の問題に取り組んできましたが、二酸化炭素削減についての分析は不十分なものでした。というのは、それが経済分析によって導かれた費用対効果分析によるものだったからです。気候変動に適応するコストはどれくらいか、カーボンの社会的コストはどれくらいか、気候変動を軽減するコストよりも高いかどうかなどなど。

多くの経済学者も認めることでしょうが、費用対効果のような分析はまだ安定している世界で通用する話です。ただ、それは気候変動には適用できません。気候変動はもはや漸進的な変化ではありません。多くの不可逆な変化が見えています。私たちはティッピングポイントから十分離れていないといけません。

私たちは気候変動問題を経済学者の手にゆだねることで多くの時間を失ってしまいました。彼らは来たるべき破滅を過小評価していました。つい最近、科学者たちが、気候変動は予想よりはるかに速いスピードで、しかもはるかに深いところで起きていると言いました。将来のＩＰＣＣ（気候変動に関する政府間パネル）の報告書でも発表されると思います。変化が速くて深ければ、それに対抗する政策も速く、深くないといけないのです。

各国政府が二〇五〇年までに「ネットゼロ（温室効果ガス実質ゼロ）」を達成しましょうという考えに落ち着こうとしているのをみると、私はぞっとします。イギリスは世界で最初に産業革命が起きた国で、世界で最も裕福な国の一つですから、最初に行動する倫理的な義務があります。イギリスは目標を前倒しすべきです。

――これからの経済は、国家だけでなく、コモンズ（共有地、共有財産）の役割が大きいと主張されていますが、コモンズに関して、うまくいっている例、これから伸びそうな例を教えてください。

レイワース　経済学を専攻している学生にコモンズのことを聞くと、ほとんどの学生は生態学者であるギャレット・ハーディンの「コモンズの悲劇」のことを語ります。ハーディンは、コモンズは機能しないということを言っています。しかし、彼の理論は理屈だけで何のエビデンスもありません。

これに対し、それまで無名の政治学者であったエリノア・オストロムが、コモンズが機能しているかどうか、自分の目で見に行くと言って実際のコモンズに足を運びました。そして、そのうちのいくつかは機能していることがわかったのです。彼女は、それらがなぜ機能しているのかを研究し、二〇〇九年にノーベル経済学賞を受賞しました。女性初の受賞者でした。コモンズは悲劇的などではなく、大成功することもあると示したのです。

コモンズは天然資源に基づいたものだけではありません。多くの人は自分はコモンズにかかわっていないと思っていますが、私は、「ちょっと聞いてください、ウィキペディアはコモンズです」と言います。どのように貢献するかについてはルールがあります。ルールを破れば、罰を受けて編集することを許されません。そこは共有のスペースです。ウィキペディアに貢献しても誰も貢献料をもらいません。ウィキペディアはコモンズの好例です。オープンソースのリナックスというパソコン用のOSもコモンズです。

私が住んでいるオックスフォードの町に、ブロード・ストリートという美しい通りがあります。今まで、通りのど真ん中には常に車が停めてありました。イギリスで最も美しい通りの一つが、二七台の車の駐車場になっていたのです。クレイジーなことでした。つい先週、市議会はその通りに椅子を入れ、野花や芝生で埋め尽くしました。みんなの公園にしたのです。これもコモンズです。コミュニティのためには大きな価値がありますが、収益化されていないので、オックスフォードのGDPの数字には表れません。

デジタル・コモンズやオープンソースのソフトウェアを作ること、そしてクリエイティブ・コモンズ・ライセンスには、非常に大きな可能性があります。我々は特許や著作権の知的所有権管理体制に五〇〇年近くも囚われています。私たちは「所有」について、いかにして考えたらいいのか、まだ学んでいる最中なのです。コモンズとは所有と共有アクセス、そして共同での創造のことです。

経済が健全であるかどうか、今までとは違った角度から測定するために、GDPから離れ、そのような新しい測定基準を作らなければなりません。

エネルギーを経済的思考の中心に据える

——あなたが『ドーナツ経済』で強調する「成長にこだわらない経済」という目標は、成長神話にどっぷり浸かった現代人にとって、なかなか難しい目標ではないですか。

レイワース　経済成長への構造的依存はこの五〇～六〇年の話です。グローバル化された経済からはなかなか抜け出せないと思われるかもしれませんが、考えてみれば五〇年というのは、二世代より短い時間です。必ず抜け出せると思います。

今こそ人間性を育むことを考えるときです。経済学はずっと、人間は利己的で、競争好きで、合理的な存在であるという前提で考えてきました。果たして本当にそうなのでしょうか。我々は本気になって、そのストーリーを書き換えなければなりません。

最も重要なことは、我々は生物界の一部に属しているだけであって、その頂上に位置しているわけでも、我々が生物界を所有しているわけでもない、ということです。

――あなたは「経済理論のなかでエネルギーはもっと重要な位置を与えられるべきだ。今日の世界経済を支えているエネルギーの大半は、太陽から供給されている」と書いています。化石燃料以外の太陽エネルギーの利用は、二一世紀の世界経済にどのような影響を与えるのでしょう。

レイワース　それはすばらしい質問です。主流の経済学では、お金と金銭的価値が経済の基本であると教えていますが、ばかげた話です。お金は完全に概念であって、金銭的価値は社会的につくられたものにすぎません。現実を理解している人に聞けば、生命の源は

「エネルギー」と答えるでしょう。エネルギーを経済的思考の中心にもってくることは、決定的に重要です。

私たちは今、太陽エネルギーについて学び始めたばかりです。長い間、化石燃料産業は太陽エネルギーの可能性を妨害することで、エネルギーを支配してきました。私たちはできる限り速やかに巻き返す必要があります。ソーラーパネルを作るにはリチウムなどの金属やバッテリーが必要です。これは資源消費型の産業なので、私たちが作れるソーラーパネルの数には限界があります。ですから、ソーラーパネルのテクノロジーを改良しなければなりません。

まずできるだけ効率的に太陽エネルギーを使う方法を学びましょう。

いま我々はどれくらいエネルギーを無駄にしているか見直すことが必要です。家の暖房や旅行にしても、もっと効率よくエネルギーを使うことを考えるべきです。誰もが自分専用のものをもつのではなく、資源を共有することを選択肢としてもつことです。

私と夫は、昨年一二月に自家用車をもつのをやめました。ティーンエージャーの子どもが二人いるので、友達の家に行ったり、スポーツをしに行ったり、映画館に行ったりの送り迎えにとても便利でしたが、自家用車を手放して必要なときに車を借りるシェアリング・サービスに加入しました。

――あなたは世界を変えたスマートフォンのイノベーションは、GPSも、マイクロチップも、タッチスクリーンも、そしてインターネットそのものも、すべて米国政府が基礎研究に出資して行われたものだから可能になったと言います。製薬業界やバイオテクノロジー業界も国家が主導するということでは同じだと。今回のコロナワクチンの開発でも、それは当てはまりますか。

レイワース　イギリスでは間違いなくそうです。私は今、オックスフォードに住んでいますが、オックスフォード大学はワクチン開発のリーダーでした。国の予算で開発したのです。国が主導することは決定的に重要です。なぜ何十年の間、マラリアや他の病気のワクチンが開発されなかったのでしょうか。市場はリターンがないものには、取り組まないからです。

イギリスの経済学者、マリアナ・マッツカート教授の研究によって、起業家としての国の役割が明らかになりました。リスキーな投資を行うのは往々にして国家です。リスクが減少したとき、初めて民間セクターが姿を現すのです。

かつてロナルド・レーガンやマーガレット・サッチャーは、国家は効率が悪く無力であり、市場こそが革新的でリスクを取るのだと主張しました。マッツカート教授はそのようなネオリベラリズムの価値観が、まったく事実と反することを証明しました。リスクを取るのは国であり、リスクが減ったときに市場が入ってくることを明らかにしたのです。国には有能な官僚がいて、リーダーシップがあり、野心やミッションもあります。それらがあるからこそ、私たちは公共の利益に向かって歩み続けることができるのです。

環境再生的な社会に向けて、どの地域が一番前を歩いているか

――二一世紀の循環型経済をつくるにあたって、世界のどの国、どの都市が一歩前に進んでいると考えていますか?

レイワース　ヨーロッパ諸国や北米では、一〇年以上前から、私たちは気候変動問題に取り組まないといけないと言い続けています。すると誰かが「中国は三日に一基のペースで、石炭火力発電所を建設している。気候変動問題に取り組んでいない。なのにどうして私たちだけが取り組まないといけないのか?」と言います。

しかし、現実問題として、中国は多くのヨーロッパ諸国や北米よりもグリーン・テクノロジーや再生可能エネルギーに投資をしているのです。

また、オハイオ州オバーリンの事例は、小さな町でもパイオニアになる可能性があることを示しました。彼らは環境ダッシュボードというウェブサイトを作り、学校や公共の建物の中でこのデジタルスクリーンを見られるようにしたのです。子どもたちは、GDPではなく、町の二酸化炭素濃度、電気使用量、河川の酸素含有量など周囲の自然の変化を見て育ちます。オバーリンはさらにアンカー・インスティチューションと呼ばれるアイデアを使いました。これは学校であれ政府機関であれ、病院であれミュージアムであれ、地元の予算で人を雇い、家具を揃え、食料や電気、絵画や飾りを購入し、子どものための書籍を購入するなど、すべてをローカルで調達するというものです。こうやって地方経済の小さな回復力を立て直そうとしているのです。

アムステルダム市も進んでいます。アムステルダムは非常に明確な規制を導入しました。二〇三〇年までには化石燃料の車をゼロにすると宣言したのです。二〇三〇年までには循環型の原材料を五〇パーセントにするとも言っています。

これは本当に野心的な目標で、どのようにそれを実現していくのか、まだわかりませんが、市はこれを公約にしました。企業や産業界にそう宣言したのです。アムステルダムでビジネスをすることを歓迎するが、ここでやりたければ循環型のものにしなければならないと。目的達成のためには、リーダーシップが本当に重要です。

私は、他の地域にもっと差し迫った行動がないことに、とてもフラストレーションを感じています。アムステルダムや中国がパイオニアになっているのは、彼らが新しいスキル、新しい道具、新しいビジネスモデルを学び、将来必要となるインフラを設けているからです。これから一〇年も経たないうちに、他の国や都市はなぜ自分たちはもっと早く行動しなかったのだろうと後悔することになります。私たちは今すぐ、行動を起こすべきです。

（二〇二一年七月一四日インタビュー）

第4章

倫理と経済、どちらが先か?

TOMAS SEDLACEK

トーマス・セドラチェク

経済学者。1977年、チェコ生まれ。チェコスロバキア貿易銀行(CSOB)でマクロ経済担当のチーフストラテジストを務める。チェコ共和国国家経済会議の前メンバー。「旧ドイツ語圏最古の大学」といわれるプラハ・カレル大学在学中の24歳のときに、初代大統領ハヴェルの経済アドバイザーとなる。著書の『善と悪の経済学』は、チェコでベストセラーになり、刊行後すぐに15カ国語に翻訳された。2012年にはドイツのベスト経済書賞(フランクフルト・ブックフェア)を受賞。続編にオリヴァー・タンツァーとの共著『資本主義の精神分析』(共に東洋経済新報社)、デヴィッド・グレーバーとの対談『改革か革命か　人間・経済・システムをめぐる対話』(以文社)がある。

『善と悪の経済学
ギルガメシュ叙事詩、アニマル
スピリット、ウォール街占拠』
トーマス・セドラチェク 著

村井章子 訳
東洋経済新報社

そもそも経済学はどのようにして生まれ、どのようにして現在の形になったのか。ギルガメシュ叙事詩、旧約聖書、ギリシャ哲学から、アダム・スミス、ケインズ、映画『マトリックス』に至るまで、学際的な知識を縦横無尽に駆使して語る。神話、宗教、神学、哲学、科学の中に経済学を探す。あるいは、経済学の中に神話、宗教、神学、哲学、科学を探す壮大なメタ経済学の試み。数学的モデルばかりに依拠する現代の主流派経済学に対するアンチテーゼでもある。

『続・善と悪の経済学
資本主義の精神分析』
トーマス・セドラチェク／
オリヴァー・タンツァー 著

森内薫／長谷川早苗 訳
東洋経済新報社

心理学的手法で経済全体を分析するという野心的な試み。古くはメソポタミアの神話に登場し、アダムの最初の妻とされるリリスから説き起こし、フロイトやユングの成果を駆使して、経済学の精神疾患的な側面を明らかにしていく。現在の市場資本主義に対する批判が、人間そのものに対する古来の批判といかに重なりあっているか、浮き彫りとなる。

——今回のコロナ禍はいろいろなことを浮き彫りにしました。もしパンデミックが起きていなければ顕在化しなかったことも多いと思います。その中であなたが特に強調したい点は何でしょうか。

トーマス・セドラチェク（以下セドラチェク）　第一に、我々がまず気づいたことは、経済は一時的に停止できるということです。経済の停止についてはこれまでいろいろな角度から議論されてきましたが、実際にそれを実行することはできませんでした。スウェーデンの若い環境活動家であるグレタ・トゥーンベリは、飛行機を使うのをやめましょう、移動するのを減らしましょうと言いましたが、みんな「ノー。経済が崩壊する」と拒否しました。でも今、我々は経済を停止する経験をしたのです。それでもＧＤＰの九〇パーセントは維持できました。

第二に気づいたことは、もっと重要なことが差し迫っていれば、我々は喜んで経済を一時的に犠牲にもできるということです。これはワクチン接種をみればわかります。まず富裕層や有名人や権力者に先にワクチンを売るべきかという議論は起きたことがありません。どの国も医療従事者や高齢者に真っ先にワクチンを提供しました。これは非常に印象的なことです。我々は自然にそれを弱者に渡るようにしたのです。

三つ目に気づいたことは、我々がすでにどれだけデジタル化していたかということです。どのアナリストも危機がやってくるたびに「我々は備えが十分ではなかった」と言いますが、このパンデミックで備えができているものもありました。それはインターネットとデジタル・テクノロジーです。

技術的には一〇年前に授業をオンラインにすることはできたでしょうし、今我々がやっているようにインタビューもオンラインでできたでしょう。会議も、役所や銀行の手続きも、オンラインでできたはずです。ただ、一〇年前はそこまでしなかった。

デジタル化とデジタル・トランスフォーメーション（DX）には大きな違いがあります。DXはすべてのことがデジタルになることです。そのDXが今回一気に進みました。

パンデミックによって、地球は新しい文明の段階に進んだ

さらに、四つ目は文明についてです。私は（ロシアの天文学者ニコライ・カルダシェフが提唱した宇宙文明のスケールの）タイプIについて考えています。それは地球という惑星の文明が、国レベルではなく、惑星レベルで自己調整できる状態です。今起こっていることは日本人、中国人、カナダ人、インド人など、どこの国の人であるかは関係ないとい

うことを示した最初のストーリーなのです。我々が経験していることは、人類が初めて月面に着陸したというような象徴的な話ではありません。月面に降り立ったのは実際は二人ですから、「人類」といっても、象徴的に言っているだけです。でも、このパンデミックは我々みんなが自分で直接経験していることなのです。国によってストーリーは異なりますが、突然すべてのストーリーが、一つの川に入ってきたのです。我々は「人類として」このパンデミックという川の中に一緒にいます。

いろいろな国の人が一つのクラスにいると考えてください。そのクラスにいる人たちが病気になっています。そこでは私一人がワクチン接種をするのではなく、クラスの大多数の人が接種しなければならない。そうすることではじめて我々は大丈夫だということになります。今はワクチン接種で国同士が助け合っている段階ですが、私からみると、世界が一丸となってこういうことができるというのは、驚くべきステップです。次のパンデミックがやってきたら、我々には惑星レベルでワクチンを配布する準備ができているかもしれない。

例えばヨーロッパの統合は、大部分は経済によって推進されました。このパンデミックによるグローバルな統合もかなりの部分、経済によって推進されているとはいえ、ヘルスケア面でのお互いへの配慮によって強化されています。新型コロナウイルスへの対策は、自己防衛だけではなく、あなたを守ることによって自分も守るという、いわばお互いを結びつけるような性質だからです。私がマスクを着用することがあなたを守ることに繋がる。

——我々がパンデミックから学べることで重要なことは何でしょうか。

セドラチェク 教訓の一つ目はバカらしいことを排除することでしょう。時間の無駄になるような、お役所仕事はすべてインターネットに移し、新たに出直すことです。銀行もすべてネットに移すべきです。都市の中心にあるオフィスビルは居住用になるでしょう。人はオフィスに行かず、自宅で仕事をするようになるからです。

私は多くの点で以前の状態に戻ってほしくないと願っています。もちろん人には直接会いたいですが、お役所仕事をしている人には会いたくありません。お役所仕事はすべてデジタルにするべきです。それだけで経済にかなりのプラスになります。

——アメリカでも、どの国でも政府は給付金をどんどん出しましたが、なかなか経済は元通りになりませんでした。

セドラチェク まず興味深いことは最も右寄りの国でさえも、この問題を政府を通して解決しようとしたことです。市場主義の共和党ティーパーティでさえも、政府の助けなしでは解決は無理であることを認めていました。食うか食われるかの資本主義ではこれは解決できない。いかなる解決策も政府の助けが必要なのです。

二つ目は政府が経済を救済する方法は二つあるということです。金融政策と財政政策です。しかし、いくら紙幣を印刷しても、製品を作り出しているわけではありません。経済がこれ以上悪化しないように間に合わせているだけです。何か新しいものを作り出しているわけではありません。

これはアルコールと同じトリックです。アルコールを飲むと楽しくなり、賢くなった気分になります。でも翌朝にツケが回ってきます。実際にアルコールを飲んでエネルギーが湧いてくるわけではありません。あなたがやっているのは土曜の朝使うエネルギーを金曜の夜にもってきているだけです。そのツケは必ず後で払わないといけません。金融政策も財政政策もそれと同じです。

ときにはそうすることが良い場合もあります。パンデミックの危機下では経済のエネルギーが必要だからです。ただ、政府の援助はもっと小さくして、お役所仕事を少なく、効率よくすべきです。実際は、国によってルールが異なるので、各国の政府の役割をグローバルなルールに置き換えることが必要でしょう。例えば、税金を同じにするのではなく、ヘルスケアの面で同じルールにすることが考えられます。保険制度を世界共通にするだけでもいい。中国・武漢にいる人と中央アフリカにいる人が同じ医療を受けられるだけでもいい。我々がみんな健康でなければならないからです。チェコや日本だけが健康でも、他の医療が行き届いていない国から新種のウイルスをもち込まれたら意味がありません。

ですから、地球という惑星で共有する最初のルールは経済的なものでも、人権でもなく、医療の面で作られるのが良いのかもしれません。中国もアフリカも自分の身体の一部ということです。ジョン・レノンのヒッピー的な意味だけではなく、医学的に、科学的にみれば我々は人類というこの一つの身体の一部で、その身体全体が健康でなければならないのです。

ジョン・レノンの理想と、経済学者のアイデア

——あなたは『善と悪の経済学（Economics of Good and Evil）』の中で、主流派経済学は数学的なモデルに頼り、まるで物理学のようになろうとしているようだ。古典派経済学がもっていた倫理についての考察を欠いてしまった、と指摘しました。どうしてそのようになってしまったのでしょう。

セドラチェク　なぜなら我々は宗教を通してではなく、貿易を通して、平和を愛し、より繁栄するようになることを発見したからです。これは私からみると皮肉な解決策ですが、非常に良い解決策です。というのも先ほどのジョン・レノンの話に戻ると、彼のアイデアは“Make love, not war”です。みんながお互いを好きになれば戦争はしないという発想です。これは理想的です。当たっているかもしれませんが、理想的すぎてそれを実行することは難しい。

そこで経済学者たちは、「それなら、make love や make war はしないが、make trade をしよう」と言いました。それがうまくいったのです。あまり美しいことではありませんが、経済学は倫理そのものよりも倫理を促進させる可能性をもっています。我々は、特に先進国では、人類として中世のキリスト教社会よりもはるかに集団として倫理的です。

かつて我々は倫理的な行動は国家の繁栄に影響を及ぼすと思っていました。これは旧約聖書にはっきりと書かれています。

「国家が未亡人の面倒をみて、弱者を抑圧しなければ、国家は繁栄する」

倫理が経済に影響を及ぼすという、基本的な考えがあったのです。

今の経済学はその逆になったと思います。つまり富があなたの倫理に影響を及ぼすということです。それこそアダム・スミスが言っていることだと思います。スミスはもちろん倫理的な哲学者でした。スミスはすべての人をより裕福にすることによって、人が貧しくならない、人が盗みを働かない、人が互いに殺し合わない国をつくりたいと思っていました。そこそこお金があれば、もはや盗みを働く意味はありません。だから私は経済学は「善と悪」の圏外に出てしまったと言ったのです。互いに商売さえできれば、倫理は問題にならないからです。

そして、もっともっと裕福になることで、倫理はより簡単に手に入るようになります。例えば、私がヨーロッパ人に対して世界の貧困を解決するために、自分たちの収入の五〇パーセントを提供するように頼んでもおそらく「ノー」と言われるでしょう。でも超裕福な人に〇・〇〇〇五パーセントではどうか、と言うと、「イエス」という答えが返ってくるかもしれません。彼らにとって善良になることはそれほど高くつくことではないからです。

これが、私が考えている市場の「見えざる手」の真髄です。つまりあなたが自分の利益を追求し、私も自分の利益を追求すると、最終的にはそれが「善」を実際に作り出す、ということです。その逆ではありません。先に善をつくってから裕福になるのではなく、裕福になると自然と善をつくり出すということです。もちろんこの考えを批判することもできます。批判があってしかるべきでしょう。しかし、この論理こそが、今の経済学が倫理のことは忘れ、人々や国がいかにして豊かになるかを研究しよう、そうすれば倫理は自然についてくる、と言っている理由なのです。

——しかし、あなたは『善と悪の経済学』の中で「今日の経済学者の関心は再び倫理へと向かっている」とも書いていますね。

セドラチェク　近代経済学はそうです。でも古典派経済学は、隣人のことは気にかけなくてもいい、自分の自己中心的な利益を追求するだけでいいというものでした。我々は社会全体として、非常に宗教的な時代よりもはるかに人のことを気にかけるようになり、暴力的ではなくなったと思います。

経済学者は未来を予測する?

——『資本主義の精神分析 (Lilith und die Dämonen des Kapitals)』の中で、「本書の筆者たちが何かを望むとすれば、それは『心理学的手法で論証された経済学』の確立である」と書かれていますが、それは実現するのでしょうか。

セドラチェク　その本で共著者（オリヴァー・タンツァー）と組み立てようとしたことは人間に重点を置いた経済学です。ディアドラ・マクロスキー（イリノイ大学シカゴ校教授）が「ヒューマノミクス」と呼んだものです。焦点となるのは個人で、個人プレイヤーにとって最もプラスになるようなシステムを心理学的手法でいかに作るかです。古典派経済学では、人間は存在しません。実際のところは数式だけです。ＧＤＰはその社会における「善」をうまく測定することはできません。

――経済学者の仕事として、未来を予言することが当然と思われている、とあなたは書きましたが、ポール・クルーグマンは、経済学者の役割は過去に起きたことを経済学的視点から分析することであると言いました。これについてどう思いますか？

セドラチェク　昔の経済学者、例えばアダム・スミス、ジョン・スチュアート・ミル、そしてカール・マルクスまでもが、経済成長が止まったらシステムがどうなるかを見極めようとしました。

例えばトマス・マルサスは、成長が止まると裕福な人はほんのわずかになり、大量の貧しい労働者が出てくるだろうと考えました。これはかつての経済学でよく議論されたテーマです。当時の経済学者たちは議論して、システムが最後は安定した状態になるようにいろいろな考えを出しました。つまり最後は大多数の国民のためにプラスになるような策を考えようとしたのです。

近代に入って経済学が変わりました。遠い未来を見ないようにしたのです。先を見てもせいぜい一、二年先のこと。つまりGDPがどうなるか、インフレになるかどうか、失業率がどうなるかといった問題を考えるように変化しました。五〇年先にシステムがどうなるかについては考えないようにしたのです。それが私の意味する「経済学は将来の安定した状態にもはや重点を置かずに成長だけに重点を置いた」ということです。

――日本ではしばらく前から未来予測の本が続々と出版されていますが、どうお考えですか。

セドラチェク　我々にはビジョンが必要です。人類には信じるべき何らかの物語が必要なのです。我々はもはや宗教的な物語を信じなくなってきています。それより、科学やテクノロジー、政治や経済が何を目指すのか、我々がこれからどこに向かうのか、という物語が望まれているのです。

人は意味のない苦しみや心配事に耐えることができません。精神医学者のヴィクトール・E・フランクルが言うように、「絶望は意味を欠いた苦痛」なのです。どんな苦難もその意味を理解すれば耐えることができる。

だから人類には未来の方向性を指し示す物語が決定的に重要なのです。そして、過去を綿密に研究してはじめて、我々は未来について予測できるのです。最終的には未来の研究は過去の研究になります。

――あなたは今でも「異端の経済学者」と呼ばれていますか。

セドラチェク わかりません（笑）。でも私をアダム・スミスや経済学の始祖たちと比較すると、それほど「異端」ではないと思います。彼らはあまり多くの数字を使いませんでした。彼らが使ったのは哲学やギリシャ神話からの物語や聖書との比較です。

我々は「経済学」というこの新しい宗教を理解しなければなりません。これはこの地球で最も多様な要素の混ざった、普遍的な宗教だと思います。彼らは人々が理解できない言葉、例えば数学という言語で話し、何が起きているか自分でわからなくなると、極左や極右に転向して、非常に単純な解決策を提供します。そうではない科学的な解決策――争うことなく、平和裡に取引すること――を我々は理解しなければなりません。

人はみな自分の心の中に信じる何かがあり、できるだけ良き人であるべきです。が、我々が人類として共有している物語は経済学的に、心理学的に、哲学的に、倫理的に筋がます。通るものでなければなりません。だから私はこういうすべての分野を統合しようとしています。

共産主義と資本主義、二つを体験して考えたこと

――あなたは「資本主義」とは別に「成長資本主義」があって、否定すべきはそちら、成長を前提として制度設計された「成長資本主義」だと言います。「資本主義」自体は保持すべきだとお考えですね。ただ、あなたは『資本主義の精神分析』の中で「私たちの道の行く手にある〝市場経済〟が本当に『約束された地』であるかどうかは、決定事項ではないのだ」とも書いています。社会主義や共産主義と比べ、「資本主義」のメリットはいったいどこにあるのでしょう。

セドラチェク　まず言っておきたいのは、私からみると資本主義は完璧ではありませんが、すべての不完全なシステムの中ではベストなシステムです。その点、民主主義に少し似ています。ウィンストン・チャーチルは「民主主義はあまりいいシステムではないが、他のシステムよりましである」という趣旨のことを言いました。民主主義は完璧でしょうか？ノーです。それを改革する方法はたくさんあるでしょうか。イエスです。もっと改善した

いと我々は思っているでしょうか。イエスです。資本主義においてもそれと同じアプローチだと思います。

共産主義はどこの国でも機能しませんでした。それは失敗したシステムです。外から攻撃されたわけではなく、内部から崩壊しました。私の国、旧チェコスロバキアではあっという間に全体主義に変容し、国民をひどい貧困に陥れました。我々はかつて世界で最も豊かな国の一つでしたが、四〇年間の共産主義を経験し、相当な後れをとりました。

ここでエコロジーについてみてみると興味深いことがわかります。資本主義国は自国の利益以外のことは気にしない、利己的な国のはずですが、昔のチェコスロバキアや現在のロシアや中国よりもはるかに環境を大事にしています。環境はみんなの共有財産ですから、共産主義のほうが環境を大事にするはずですが、現実は違いました。実際は共産主義は資本主義よりも利益を追求することに熱心で、私が暮らしたフィンランドやデンマークや他の多くの西洋諸国と比べて、クレイジーな産業が大気を汚染しています。この点でも共産主義は失敗しているのです。

今もしマルクスが生きていたら、北朝鮮に住みたいとは思わないでしょう。韓国に住みたいと思うでしょう。世界中で普通の労働者や貧しい人に、北朝鮮か韓国かどちらに住みたいかと訊けば、資本主義国である韓国に住みたいと答えるでしょう。共産主義国より資本主義国のほうがはるかに自由で、生活が楽だからです。

共産主義国家は、環境や労働社会といった面で資本主義国家よりもすぐれていると考えられていましたが、実際には、その二つのことでも資本主義国家のほうがすぐれています。そして三つ目の社会主義です。私はこれを極端な資本主義と極端な共産主義の実用的な折衷案と考えます。例えば学校教育において、大学まで政府が教育費を払ってくれるというのは、いささか共産主義的です。ヨーロッパでは国民はみなお互いの健康保険料を払っていますが、これは非常に社会主義的です。

我々の社会には、お茶や携帯電話を売買したりするときのように、資本主義的にやったほうがうまくいく場合もあれば、ヘルスケアや教育、退職後の生活など、社会主義的にやったほうがいいこともある。このようにして我々は折衷的なやり方を見つけ出し、どの国もそのやり方を国の事情に合わせることができます。でも土台にあるのは資本の自由な所有であり、個人に重点を置き、同じルールがすべての人に適用されることです。それが基本的な資本主義の構成要素です。その資本主義の上に社会主義の小さな面を築いていきます。その逆、つまり社会主義の上に資本主義の面を築いていくのはうまくいかないのです。

――チェコは一九八九年まで共産主義体制でしたが、あなたは一二歳までその共産主義国で育ちました。その経験であなたは資本主義を相対化して見る視点を得たのでしょうか。

セドラチェク　私の父はチェコ航空で働いていたので、私は五歳から一〇歳までフィンランド、そして一五歳から一九歳までデンマークで過ごしました。ですから私は鉄のカーテンを両サイドからみることができたのです。

フィンランドではみんなお互いに微笑み合い、目にする何もかもがカラフルでした。店も本当に美しく見えました。でも、チェコでは人はみな口数が少なく、元気がありません。実際、ろくな食べ物もなかったし、店の外観はみすぼらしく、贅沢《ぜいたく》といわれるようなことも何もありませんでした。フィンランドではみんな一緒に楽しんでいましたが、チェコでは誰もが他の人に何を言われるかとても気にしていました。当時、私はまだ子どもでしたが、両国の違いはいとも簡単に理解することができました。チェコにいると、まるでジョージ・オーウェルの『１９８４』を読んでいるときのようでした。非常に陰鬱な、秘密主義で、恐怖に溢れた社会という感じです。もちろんそういう社会は私に甚大な影響を与えました。共産主義で成功した国はありません。中国も共産主義ですが、いま中国が成功しつつあるのは、共産主義から離れつつあるからです。

豊かな日本人が、なぜこんなに働くのか？

――日本には来られたことがあるのですね。

セドラチェク　二〇一六年にテレビ局に呼ばれました（NHK『欲望の資本主義』に出演）。

――東京を訪れたときの第一印象はどうでしたか。

セドラチェク　思っていたよりリラックスした感じでした。もっと緊張感があると思っていましたから。日本人がチェコに来ると、予定をびっしり詰めて、休憩なしにあちこちに行き写真を撮りまくっています。ハードワーキングです。

――日本の会社に対する率直なイメージは。

セドラチェク　日本は長い間テクノロジーの最先端を走り、過去にピークを経験していますす。教育は驚くべきレベルで、会社の構造はヒエラルキーが非常にはっきりとした厳密な構造です。ドレスコードも明確で、誰もが礼儀正しい行動をとらなければなりません。その点、私は気に入っています。しかし日本人には一つ驚くべき特徴があります。猛烈に働く文化があり、「カロウシ（過労死）」（日本語をそのまま使っている）が起こることです。

――チェコでは過労死は起きませんか。

セドラチェク　我々はのんびりしているので過労死は起きません。仕事と私生活はきっちりと分けます。日本社会はこんなに豊かなのに、みなが粉骨砕身働いているのはおかしいですね。職を失い、ときには自殺することさえある。皮肉な話です。非常に貧しい国で子どもが飢えているような状況では、食べるために死ぬほど働くのはわかります。そこで過労死が起きるのもわかりますが、日本の状況はそれとは正反対です。非常に豊かな社会であるのに、ヨーロッパ人の視点からみると、国民はリラックスしていません。チェコでは我々は人生を楽しみたいと思っています。ですから、我々にとって仕事は、それほど重要ではありません。

日本人についてもう一つ言いたいことは、失われた世代、あるいは失われた一〇年のことです。私からみるととても変な感じがします。もうみんながｉＰａｄをもっているし、みんな良い教育を受けることができ、これは資本主義にとってはホームランかもしれませんが、みな悲観的です。「我々は豊かになったので、週三日労働でいい」というのは資本主義にとってハレルヤの瞬間（喜びの瞬間）でしょうが、成長資本主義は常に成長、成長、成長を続けたいのです。だから成長資本主義は悲劇なのです。

――あなたは経済破綻の原因は成長の減速ではなく、負債があることだと言っていますが、人も国もなぜ借金を抱えることが常態になってしまったのでしょうか。

セドラチェク　我々は借金をすることで成長しています。特に日本のケースでは非常に明白ですが、アメリカでもEUでも状況は同じです。ときにGDP成長よりも赤字のほうが大きいことがあります。赤字がGDPの六パーセントでその年に二パーセント成長したというと、みんなは二パーセント成長していることを喜んでいますが、実際は成長していません。それがGDPが間違った尺度であるという理由です。

私が銀行に行って一〇〇万ドルの借金をしたとしましょう。誰がお金持ちになったのでしょうか。日本社会がやっていることはこれと同じです。GDPの二六〇パーセントの借金があるのに、一人当たりのGDPだけで比較しています。これは変な話です。いつか我々を破綻させる危険性があります。

すでにギリシャで破綻は一度起きています。我々を破綻させるのは成長の欠如ではなく、過剰な借金なのです。成長の欠如で破綻する企業はありません。破綻するためには借金がなければならないからです。破綻とは借金を返すことができないという意味です。

自分に借金を負わせることで、必要以上に成長したがるというのが成長資本主義の根本問題です。結局はこれが我々の終焉《しゅうえん》をもたらすかもしれません。このパンデミックでもなく、ロシアや中国との戦争でもなく、我々が自分に借金を負わせるという事実が我々に終焉をもたらす可能性があります。

――日本は他の先進諸国と比べても、とんでもなく大きな負債を抱えています。今後の日本はどのように経済を健全化していったらよいのでしょうか。

セドラチェク　まず日本経済はすでに非常に豊かなことを認識すべきです。日本は大きな間違いを犯しています。借金をパンデミックの前にもっと減らすべきだったのです。パンデミックが起きているときは、救済金を出さないといけないので、借金を減らすのは難しい。でもこのパンデミックから脱するやいなや、できるだけ早く借金を返すように努力しないといけません。

もしこのパンデミックの景気刺激策によってある国が破綻すれば、他の国が救済することは間違いありません。それは良いことか悪いことなのか。国があえて財政赤字を作ることのないように、国際ルールを考案しなければならないでしょう。

景気が悪くないときに国が財政黒字をつくり出すことについて、何らかの国際合意がなければなりません。成長が平均的なときは、GDP成長を一～二パーセントにして、コロナ禍のような危機がまた起きたときに対処できるようにするのです。

――その一つは、ひょっとして『善と悪の経済学』で書かれた「安息日の経済学」でしょうか？　我々、特に日本人は、技術の進歩で得られた活力を、生産に投じるのではなく、休息に投じることを学ぶべきでしょうか。

セドラチェク　十戒の一つである「安息日を守る」ことですね。週に一日休み、安息年は四九年ごとに借金を帳消しにして、奴隷労働から解放されるべきであるというものです。コンピューターの再起動のようにリセットするということです。

日本人にはまさにそういう意味で経済的な安息日が必要です。この新型コロナウイルスの流行は今まで守らなかった安息日が一気にやってきた感じだと思います。人は休まないといけないのです。休んでリフレッシュすれば、またやる気が出てきます。そうすることで大いに経済のプラスになります。

――ジェレミー・リフキンやナオミ・クラインらはグリーン・ニューディールを提唱していますが、あなたはグリーン・ニューディールについてどういう考えをもっていますか。

セドラチェク　経済にとっては良い方向だと思います。我々には二つの方向しかありません。一つはテクノロジー、もう一つはエコロジーです。若者による数少ない改革運動の一つです。我々が若いときは無政府主義者やヒッピー、共産主義者やパンクもいました。若者による改革運動はたくさんありました。今は少ないですが、このグリーン・ムーブメントは規模が大きいグローバルな改革運動です。
実際に何か行動を起こすとき、環境に良いやり方を選べることを我々は知っています。そのやり方を学んだ国は豊かな経済大国になります。フィンランド、デンマーク、スウェーデンなどの北欧諸国は非常に豊かな経済圏ですが、彼らは環境に多くの注意を払っています。一、二年先のＧＤＰ成長のことを考えるよりも、もっと長期的な思考をする必要があるのです。

（二〇二一年三月一八日インタビュー）

第５章

資本主義を再構築する

REBECCA HENDERSON

レベッカ・ヘンダーソン

ハーバード大学ジョン&ナッティ・マッカーサー・ユニバーシティ・プロフェッサー。ハーバード・ビジネススクールでも経営論、戦略論を教え、高い評価を得ている。講義「資本主義の再構築」は同スクールのMBAコースでは最近5年間で最も成功を収めている。全米経済研究所（NBER）リサーチフェロー。英国学士院および米国芸術科学アカデミーのフェロー。マサチューセッツ工科大学（MIT）スローン・スクールで21年にわたりキャリアを積む。イノベーションの経済学、大組織の自己変革について重点的に研究を行う。企業のマネジメントにも深くかかわり、2019年に「フィナンシャル・タイムズ」紙が選ぶ「傑出した取締役」3人のうちの1人に選ばれる。

『資本主義の再構築
公正で持続可能な世界をどう実現するか』
レベッカ・ヘンダーソン 著

高遠裕子 訳
日本経済新聞出版

環境破壊、経済格差、信頼できる社会的な仕組みの崩壊という現代社会の大問題の解決のために、企業や個人はどのような役割を果たせるのか。15年にわたり強い危機感をもって問題解決に取り組んできた著者が、資本主義をつくり直すための枠組みを提示する。

――新型コロナウイルスのパンデミックは、貧富の格差を拡大したと言われています。一人一人の格差だけでなく、企業間の格差も大きくなった。ＧＡＦＡのような巨大テクノロジー企業はますますパワフルになる一方、中小企業は倒産も含めて困難に直面しました。あなたは、パンデミックは今まで見えなかったことを一歩下がって見ることができる絶好の機会だと指摘しました。このパンデミックが浮き彫りにした最大のものは何ですか。

レベッカ・ヘンダーソン（以下ヘンダーソン）　多くの国で格差が広がっていることが、はっきりと目に見えるようになりました。特にアメリカでは社会的セーフティネットの弱さが浮き彫りにされました。アメリカでは多くの社会福祉制度が仕事に紐付けられています。特に医療の分野では、職を失った多くの人が医療や重要なサポートを受けられないことが顕在化しました。

多くの仕事が安定とはほど遠いことも明確になりました。清掃員やスーパーで働く人たち、いわゆるエッセンシャル・ワーカーの人たちが健康保険給付金もなく、病気休暇もなく、育児休業規定もなく、二つの仕事を掛け持ちしなければ生きていけない。これはパンデミックが起こる以前から頭では理解しているつもりだったのですが、新型コロナウイルスの感染拡大によって、よりリアルな現実として感じられるようになりました。

また、パンデミックは有色人種の立場の弱さを白日の下に晒しました。有色人種の死亡率は白人に比べてはるかに高い。それは歴史的にみて、有色人種の医療や仕事へのアクセスが白人と比べ著しく悪いからです。彼らが豊かになれないのは、この国における立場が脆弱《ぜいじゃく》だからなのです。

二つ目にパンデミックが明らかにしたことは、公衆衛生にかかわる問題に対応するためには、国民全員を平等にサポートし、透明性があり、有能な政府が必要だということです。公共にかかわる問題で最も基本的な問題はおそらく公衆衛生でしょう。政府が最優先にやるべき仕事は、国民の健康を守ることなのです。

このパンデミックへの対応能力をみると、国によって大きな違いがみられます。アメリカやブラジルの政府は「政府の介入は重要ではない、自由市場のほうが重要である」という美辞麗句がいかに危険であるか、明白に示しました。両国は、他の先進国よりもはるかに高い死亡率となってしまったのです。

拙著『資本主義の再構築（Reimaging Capitalism in a World on Fire）』でも指摘しましたが、健全で豊かな社会は自由市場と政府とが互いに良い緊張関係を保っています。市民が力をもち、彼らが自由市場と民主政治のバランスを取っていくことで、はじめて強靭で健やかな社会をつくることができるのです。

三つ目にこのパンデミックが人々に与えた影響は、リスクに備える必要性、そしてレジリエンス（回復する力、柔軟性）をもつ必要性を多くの人に知らしめたことです。私の周りの企業の最高幹部の人たちは、これまでサプライチェーンを設計するのに低コストで効率を良くすることだけを考えていればよかったのが、これからはリスクとレジリエンスのことを考えなければならない、と言っています。ＥＳＧ（環境、社会、ガバナンスに配慮すること）やＥＳＧスコア測定に対する関心がこの半年で上昇しましたが、それが偶然の一致ではないことを願っています。

「新型コロナウイルスは抜き打ちテストで、気候変動は最終試験である（COVID-19 is the pop quiz, but climate change is the final exam.）」というフレーズをきっとどこかで耳にされたことがあるでしょう。全世界を一変させる、本当にひどいことが起こりうるんだという考えは、コロナ禍によってずっと受け入れやすくなりました。気候変動の問題はこれまでずっと見えない、どこか遠い他所の問題という感じでした。ところが、カリフォルニア州で四〇〇万エーカー以上の面積が焼失し、ハリケーンがルイジアナやアメリカ南部の沿岸を次々と襲いました。さらに、バングラデシュの国土の二五パーセントが洪水に見舞われました。この二五パーセントという数字が私の頭にこびりついています。何かひどいことが起こる可能性がある。しかも起こったらそれはかなりひどいものになり得るという考えは定着したと思います。

私の知る限りでは、日本の岸田文雄首相は気候変動についてまったく気にしていないように見えます（※就任四〇日目の所信表明演説で初めて言及した）。日本は気候変動に非常に脆《もろ》い。世界第三位の経済大国なのですから、日本のエネルギー政策にとって気候変動対策はとても重要な課題のはずです。

資本主義を再構築するための具体的方策

――いまＥＳＧの話が出ましたが、ＥＳＧやＳＤＧｓという指標がこれからさらに定着するとしても、企業が存続するためには、資本主義それ自体が、時代のニーズに合わせて変容しなければなりません。近い将来、企業が生き残るためには、資本主義はどのような形になるべきでしょうか。

ヘンダーソン　解決法には長期的なものと短期的なものがあります。私たちがいま直面している問題に対する長期的な解決法は、資本主義を再構築することです。自由市場が本当に自由で公平であるために必要なルールや規制を企業が確実にもつようにすることです。

具体的には、適切な反トラスト、独占禁止です。商品の価格は、実際のコスト、二酸化炭素や温室効果ガス排出の代償も含めたコストで決定するのです。これは、どこで生まれようと、肌の色が何であれ、すべての人に対して、本当の意味での機会の平等を意味します。それには適切な教育と医療が必要です。職場のルールを徹底して、すべての仕事に対して人が生活していくのに必要な賃金が支払われ、すべての人が社会の構成員となる。それが私たちの目指している世界です。

その世界でもCEOが「私はお金儲けだけが目的だ、それでいいんだ」と言うかもしれません。そんなとき、我々が必要とするコントロールや制約が実行されていないときは、企業が自らリーダーシップを発揮して組織や社会全体が健全になるよう、注意を払っていかなければなりません。

各々の企業が、利益の最大化だけをモチベーションとするのではなく、共通の価値観に根ざした目的・存在意義によって動くのです。だからといって利益に見切りをつけるということではありません。投資家たちに相応のリターンを提供することは重要なことです。人は呼吸しなければ生きていけません。しかし、呼吸することが人生の目的ではないように、金を儲けることが企業の目的ではないのです。

企業の目的は、社会が直面する問題を解決する、やりがいのある仕事をつくり出すことです。私たちは製薬会社を高く評価します。新型コロナウイルスのワクチンに取り組み、すばらしい仕事をつくり出しているからです。さらに、きちんと利益を出せば、投資家たちに相応のリターンを与えることができます。しかし、会社の目的はお金を儲けることではなく、豊かで繁栄する社会を築く一助になることです。それが資本主義を再構築するための、最初の要素です。

二つ目の要素は、企業同士の協力です。個々の企業が自分たちだけでは解決することができないような問題があるときは、複数の企業が協力しなければなりません。典型的な例はアパレル企業です。以前、そのサプライチェーンで児童労働が行われていたことが判明しました。ナイキ、ギャップ、リーバイスのような企業は個々にそのサプライチェーンから児童労働を排除しようとしましたが、それはとても困難なことでした。費用がかかり、複雑すぎました。サプライチェーンが相互に依存していたからです。

この問題に対処する唯一の方法は、かかわるすべての企業が協力し、一致団結して行動することです。業界全体で共同して改革すれば、どの企業も競争面で不利になることはありません。企業は全世界共通の問題に取り組むことで、個々の問題を解決することができるのです。

もう一つ、例を挙げましょう。ユニリーバ（リプトン、ラックスなど四〇〇以上のブランドをもつ消費財メーカー）とパーム油の例です。ユニリーバは持続可能であるという認可基準をクリアしたパーム油しか使いたくなかったのですが、あまりにも価格が高すぎたのです。認可基準をクリアしていないパーム油を使うメーカーに対抗できなくなってしまう。それで彼らは欧米のすべてのパーム油バイヤーに対して、サステナブルなパーム油だけを購入するように説得し、それに成功しました。

このアプローチの仕方は他の生産物でも成功を収めました。例えば牛肉や大豆の分野です。アマゾンの森林を伐採した土地で生産された大豆や、そこで育てられた肉牛の購入を止めることで企業が一定期間団結し、アマゾンの森林破壊をほとんどゼロにしたのです（その後、ジャイル・ボルソナロのブラジル大統領就任で森林破壊は再開、加速された）。

また従業員の教育にも投資するように他の会社を説得しようとしています。カリフォルニア州オレンジ郡にある複数の会社は、地元の大学が自分たちの会社で働けるような人材を育成していなかったので、アメリカの他の地域から人材を集めざるを得なかった。これは実にもったいない話で、入社志望者は少ないし、採用コストもかかっていました。そこで現在は、いくつかの会社が共同グループをつくって地元の大学と組み、卒業したらそのまま地元の会社で働けるよう、十分な準備教育を大学で行っているのです。

「金融の回路を見直す」とは、どういうことか?

団結行動は本当に重要です。ですが、それだけでは十分ではありません。多くの点で、団結行動を支える協力体制を維持し続けるのは難しいことです。そこで、別の形の変革が必要となるのです。

それは、私が「金融の回路を見直す」と呼んでいる改革です。ここで重要なことは新しい指標を使うことです。実際、いまや会計の分野で革命が起ころうとしていると言ってもいいと思います。

一九一九年、プロクター&ギャンブル(P&G)社は、年次報告書で株主に、「もし売り上げや収益の詳細を知りたければ、オハイオ州シンシナティにある本社まで足を運んで個人的に請求してください」と言っていました。今こう言われたら、そんなクレイジーな、と思うでしょう。私たちはこれまで、企業を評価するのに財務諸表を頼りにしてきました。

いま、投資家が企業に求める情報が財務諸表だけ、ということはありえません。多くの投資家は、SDGs、ESGなど、その企業の環境に関するパフォーマンス、さらに企業が従業員をどのように扱っているかということを知りたがっています。

従業員は財務諸表には出てこない、典型的な非財務資産です。フェイスブック（現メタ）やグーグルのようなハイテク企業の場合、主要な資産は従業員がどれだけ熱心に仕事に取りくんでいるのか、そのスキル、離職率、教育水準などです。投資家はそのような従業員の特性を知りたいのです。

もちろんガバナンス（企業統治）も重要です。その企業のガバナンスは適切に実行されているか、投資家の要求に応えているか、正しい選択をしているか、などです。私の同僚のジョージ・セラフィム教授は、「インパクト・ウエイテッド・アカウンツ・イニシアティブ（Impact Weighted Accounts Initiative）」なるものを創設しました。これは財務諸表に環境や社会へのインパクトを金銭価値として反映したものです。彼は最近、世界最大の企業を含む一八〇〇社ほどのデータ・セットを公表しました。彼はそのデータの中で、三分の一の企業では、生み出した利益よりも、環境に与えた被害のほうが大きいことを示しました。これは、もしあなたが投資家なら知っておくべき大事な情報です。さらにもう三分の一の企業に関しては、引き起こした環境被害が利益の二五パーセント以上であることもわかりました。

こういう数字こそ企業の本当の実績や見通しを表すものです。企業が投資家とコミュニケーションをとるためにこのような情報を出すことは重要です。なぜなら、ある企業が「私たちは長期的な投資を考えています、環境フットプリント（製品や企業活動が環境に与えている負荷を評価するための指標）を減らしたいと思っています、喫緊の社会問題を解決するような新しい分野を手掛けたいと考えています、そのためには短期的に資金が必要なのです」と投資家たちにアピールしたとします。そんなとき、投資家たちはその企業が具体的に何をしているかまず知りたいと思います。だから、そういう企業は自分たちがやっていることをきちんと投資家に説明することができなければなりません。

この新しい指標によって、投資家たちは一致団結して行動を起こすことができるようになります。ユニリーバがすべての消費財企業に対して、持続可能であるように栽培されたパーム油を買うように説得する、強力なインセンティブをもっていたように、投資家たちは、気候変動は巨大なリスクであると訴える強力なインセンティブをもっているのです。

気候変動について、イングランド銀行の総裁は世界の金融システムのセキュリティに対するエグジステンシャル・リスク（Existential Risk：核戦争、世界規模の流行病、極端な気候変動など、人間を絶滅させる可能性のあるリスク）という言葉を使いました。アメリカでも最近、商品先物取引所が出した報告書に気候変動はアメリカ経済が直面している最も重要なリスクであると書かれています。

ほとんどの投資家は長期的投資家と言っていいと思います。彼らは年金基金や政府系ファンドに敏感に反応しますし、長期にわたる退職後の生活に備えて貯蓄しています。彼らにとって気候変動は死活問題です。もし気候変動を野放し状態で放置すれば、三〇年後には年金基金がきちんと年金を支払う力は損なわれてしまうでしょう。

投資家として団結して行動したいのなら、そしてもしすべての投資家が脱炭素経済にしましょう、と声を揃えて言いたいのならば、まずはその排出量を測定することから始める必要があります。あなたの会社は二酸化炭素を排出し続けているので、投資したくありません、と言うことができなければなりません。またはこのような会社だったら投資したいと言わなければなりません。いずれにせよ会社にプレッシャーをかけなければならないのです。

ある程度規模の大きい投資家たちは、市場全体を支えなければならないので、気候変動のリスクを無視して投資することができません。例えば日本の年金積立金管理運用独立行政法人（GPIF）は世界最大の年金運用機関で、巨大な額を運用するパッシブファンドです。ですから、まずは市場全体の動向を押さえた後に、二酸化炭素排出量を確実に減らすように企業と協力するのです。

資本主義を再構築するための最後の要素、これはとても重要な要素なのですが、今までの企業と政府との関係を一新することです。企業が本当に必要としているのは機能的な政府です。政治を金まみれにしてはいけません。政府に減税するように継続的に働きかけることがとても大事なことです。

民主主義の機能を弱体化させることは非常に危険です。政府が国民の要望に応えていない、あるいは、自分たち以外の人がお金を儲けていると感じると、国民は激しい怒りを覚え、ときにはポピュリストの政権を選んでしまいます。典型的な例がブラジルとアメリカです。

常にではありませんが、歴史的にみるとポピュリスト政権は往々にして、私の言葉で言えば収奪的政権、あるいは縁故資本主義に繋がっています。その政権では、少数の裕福な人が自分の利益のために経済をコントロールします。ロシアがその典型的な例でしょう。

今でも信じられませんが、ロシア経済はオーストラリア経済よりも小さいのです。なぜなら、すべてのお金はプーチンと彼の少数の友人のところに入るようになっているからです。歴史的にみるとこのような体制がポピュリズムの最終的な形になる傾向にあると言ってもいいでしょう。

ここまで述べたことは大きな期待を込めての話ではありますが、我々が直面している問題は非常に重要で、このような団結した行動でないと解決できません。良いニュースは、私が著書で提案したことは、すでに起こりつつあるということです。千とまではいきませんが、何百という目的・存在意義主導型の企業が、より大きな規模で社会問題を解決しようとしているのを目の当たりにしています。私たちは地方で、会社と会社が協力してさまざまな問題に取り組んでいる姿を実際に見ています。

会計の世界でもすでに革命は起きています。新たな経済指標が次々に発表されています。一番最近発表されたのは、世界四大会計事務所の指標、さらに世界経済フォーラムが新しい一連の指標を提案しています。それは会計業界では実験的で、かなりクリエイティブなもので話題を集めています。

そして最後に、各々の企業が地方のリーダーたちと組んで、民主主義の健全性に重点を置き、行政と新しいパートナーシップを探っています。健全な社会を築くべく、企業と政府とがパートナーシップを組むことはとても大事なことです。

目的・存在意義をもつことと、利益を出すことは両立する

――あなたはまるでこのパンデミックが起こるのを予見していたかのように『資本主義の再構築』を上梓しました。私の理解では、この本の主旨は、企業が社会の抱える問題を解決しようとする共通の価値観に根ざした目的・存在意義をもつ、利益を生み出す、という二つのことを両立することは可能であるということで、この本はその正しい方向に企業を導こうとしているということでよろしいでしょうか。

ヘンダーソン　まさにそのとおりです。目的をもちながら利益を出すことは可能です。私はそれが簡単だと言うつもりはありません。ただ、私はそれが実現可能で、極めて重要なことだと信じています。日本の資本主義の黄金期について考えてみましょう。七〇年代、八〇年代の日本の資本主義は、巨大な成長と高利益を生み出すと共に、社会的な利益をもたらしていました。仕事も本当に立派で、製品も驚くべきものでした。今でも私は日本車を運転しています。社会が必要としていることに取り組むことと、製品を作って企業のために財務実績を積み上げることの両立は間違いなく可能です。

　絶頂期のドイツを見てください。立派な仕事がたくさんあり、格差も少なく、大手企業の製造業の輸出量はアメリカよりも多かったのです。経済の規模はアメリカの四分の一以下なのに。

　今、ハーバード大学には、主要な環境問題と社会問題に大きな規模で取り組みながら、同時に金銭的にも利益を出しているケーススタディが何百とあります。企業が目的主導の存在になっているということです。ほとんどの企業も設立時に立ち戻れば、起業家は立派な仕事をつくり出し、人が本当に欲しがる製品を作り、自分のコミュニティで力を発揮しようとしていました。お金は最終的に達すべき目的の手段であって、目的そのものではありませんでした。

　それが人類の文明でも最も古くから存在する理念の一つです。富だけのためにお金儲けに集中するのは非常に危険なことです。世界は非常に複雑で、人はそれぞれ異なっています。ところが世界の多くの地域で、重要なのは富だけと考えるようになっています。もちろん、我々には物質的な福利が必要です。まだ世界には食べ物が十分にない、何十億人もの人がいるのですから。

私は、繁栄は必要ではない、と言っているのではありません。ただ、銀行の預金残高だけが重要だと考えるのは、個人レベルでも社会レベルでも世界レベルでもおかしい。すべての木を伐採して、海から魚を獲り尽くし、地球を温暖化すれば、我々の孫の世代には何が残るのでしょうか。それは間違っています。最も根本的なところで間違っているのです。

パンデミックが残した傷跡、パンデミックから得た教訓

――パンデミックによってあなたの視点はますます重要になったと思います。パンデミックが起こったからこそ重要になったと考えることは何かありますか。

ヘンダーソン　前述したとおり、パンデミックが明確にしたことは、我々には有能な政府が必要であるということです。パンデミックに対応するのに短期的に必要な莫大なコストが発生していることや、何百万人もの人に甚大な打撃を与えているということを考えなければなりません。

多くの発展途上国では貧困に対する対策の進展が一〇年分、二〇年分は取り消されたことがわかっています。今春私のクラスにペルーから来た学生がいましたが、彼女はペルーではパンデミックを理由に経済活動を止めることはできないと言っていました。あまりに

も貧しい人が多いからです。彼らは働き続けないといけないのです。
多くの人が仕事を失い、何十万という中小企業が倒産しています。貧しくなり、資力がなくなればすべての変革が難しくなってしまいます。
いくつかの面でこのパンデミックはこのような問題に注意を喚起させ、その問題に進んで取り組む積極性をつくり出したと思います。とはいえ、問題の解決をさらに難しいものにしたのではないかと懸念しています。

――航空業界をはじめとして多くの企業が苦しんでいます。もし企業が消える運命を辿りたくなければ、このパンデミックからどのような教訓を得るべきでしょうか。

ヘンダーソン　あなたの言うように、航空業界やサービス業はかなり難しいですね。私の友人にはミュージシャンや俳優やいろいろな種類のパフォーマーがいますが、パンデミックによって全エンターテインメント業界が基本的に停止しました。一般的な教訓は不測の事態に常に備えろ、リスクを真剣に受け止めろ、ということですが、私はそうは考えません。航空業界やミュージシャンや劇場などが、パンデミックに、どのように備えることができたというのでしょうか。
私がパンデミックで得たもっと広い意味での教訓は、互いに責任をもつということです。

私は教授という仕事で幸運でした。仕事を奪われていません。でも我々は倒産した中小企業に対しても責任があります。お互いに責任をもつ方法を見つけないといけません。それは国内だけではなく世界中で言えることです。それは人類にとって非常に難しいことですが、長期的にみてすべての人の利益になります。

例えば、気候変動を放置していると、大規模な人口移動を引き起こします。何億もの人が移動するでしょう。気候変動のために作物の収穫ができなくなれば、その土地を去らざるを得ないのです。

アメリカ国防総省は、気候変動は国家安全保障上の主要なリスクであると考えています。もしあなたがヨーロッパ人であれば、アフリカの農業について本当に懸念すべきです。世界は相互に繋がっています。我々先進国がインドやアフリカや他の発展途上国にクリーンエネルギーを使うように説得できなければ、先進国が脱炭素化してもしなくても、気候変動は起きます。これがパンデミックから学ぶべき教訓ですが、身に染みる教訓です。私たちは第二次世界大戦を終えて、世界全体をみていこうと固く決意しました。だから今回も活路を見いだすことができると思います。

——パンデミックの後、企業が生き残るのに必要なことは何でしょうか。あなたが企業にアドバイスするとすれば最も重要なものは何だと思いますか。

ヘンダーソン　三つあります。まず環境に関する問題を真剣に受け止めることです。あなたの会社にも環境について具体的に考え、実行してほしいと思っている人はきっといるでしょう。あらゆる調査が、私たちはエネルギーを二五〜三〇パーセント削減でき、それによって一六〜一七パーセントの投資収益率を達成できることを示唆しています。環境に照準を合わせることです。どんな会社で働いているかによりますが、自分たちのブランドにすばらしい貢献ができるし、間違いなくコストを削減できます。

二つ目は、あなたが人をどのように扱っているかを振り返ってみることです。マサチューセッツ工科大学のゼイネップ・トンは「グッド・ジョブズ・インスティチュート(Good Jobs Institute)」というすばらしい研究所を運営しています。その研究所は、人に立派な仕事を提供し、会社の真の目的が明確であることがどれほど重要であるか、説得力のあるエビデンスを示しています。会社の目的は株主のために利益を出すことだけではありません。多くの仕事を創出する豊かな社会をつくることです。それを理解し波長を合わせることができれば、生産性は上がり、革新的な仕事ができるでしょう。

最後に、もし私たちが真っ当なことをしようとするなら、政治的な行動も大切です。たとえあなたが顧客や従業員が喜ぶような利益を上げても、下衆《げす》な競争相手が違法な手段で価格を下げて対抗してくるかもしれません。そんなことができないよう、政府の規制が必要なのです。私たちにはきちんとした環境規制が必要です。カーボン・プライシング（炭素税や排出権取引などによって排出される炭素を価格づけすること）は間違いなく必要なものです。

経済システムと自然システム。二つのシステムの安全がいまや破滅的な危機に陥っています。カーボン・プライシングのことを他のビジネスリーダーにも政府に強く要求してほしいと思います。しっかりとした資本主義と健全な社会をつくろうとするのなら、私たちに必要なのは強い政府なのです。

企業は、これら三つのことを忘れないでいてほしいですね。長期的な展望をもって社会全体にこのことを伝えていくには、企業が最も重要な役割を果たさなくてはなりません。

（二〇二〇年一〇月一三日インタビュー）

第6章

社会契約を つくり直す

ミノーシュ・シャフィク

MINOUCHE SHAFIK

経済学者。アメリカ・コロンビア大学学長。エジプト生まれ。幼少時にアメリカに移住、イギリスの大学院で経済学を修める。36歳のとき、最年少で世界銀行の副総裁に就任。イギリス国際開発省の事務次官や国際通貨基金（IMF）の副専務理事、イングランド銀行の副総裁などを歴任。そのキャリアにおいて、ベルリンの壁の崩壊やアラブの春、2008年の金融危機などに対応してきた。ロンドン・スクール・オブ・エコノミクス・アンド・ポリティカル・サイエンス学長を経て2023年、現職に就任。21世紀の福祉国家について再考するための研究プログラム「ベヴァリッジ2.0」を立ち上げる。2015年の女王誕生記念叙勲においてデイム（男性のナイトに相当）を受勲し、2020年に貴族院の中立議員に任命される。「今、世界で最も影響力のある女性経済学者」と呼ばれる。

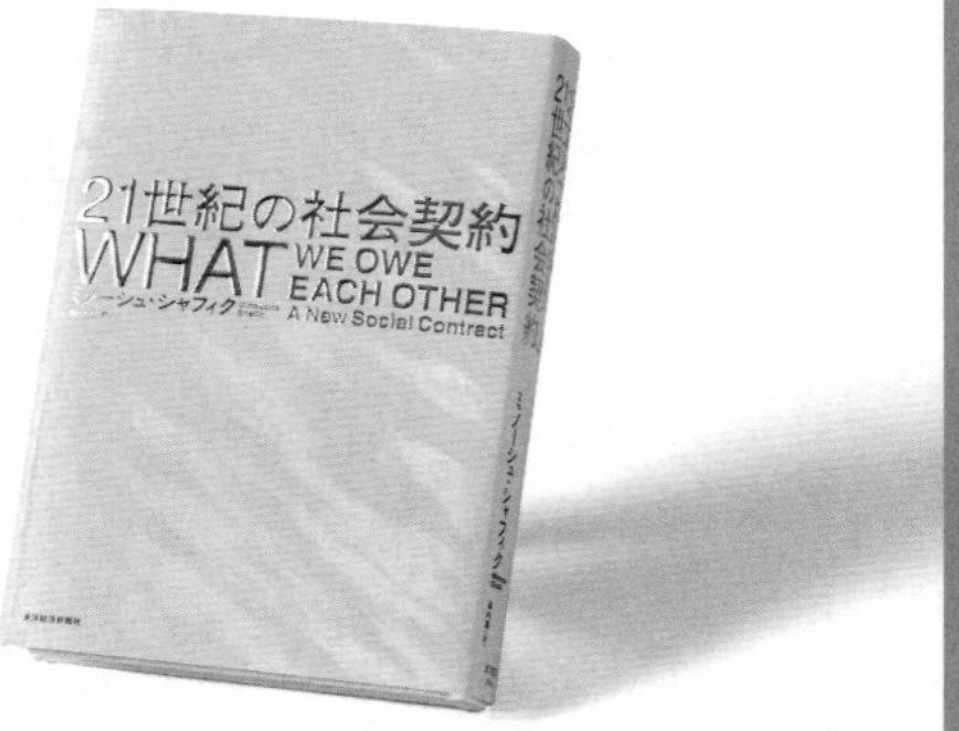

『21世紀の社会契約』

ミノーシュ・シャフィク 著

森内 薫 訳

東洋経済新報社

バングラデシュや南スーダンなどの最貧国からイギリスやユーロ圏など豊かな国まで多様な国家の政策づくりをしてきた著者の幅広い経験と研究の成果を注ぎ込んだ一冊。子どもの養育、幼児教育と生涯学習、医療のあり方、労働者の保護と育成、高齢者の暮らしなどをテーマに、社会契約をどのようにつくり直せば、世界の人々を幸福にするのかを考察していく。世界各地で集められたデータを基に、現在の世界が抱える諸問題を、社会契約を軸に好転させる具体的な方策を論じている。少子高齢化の最先端を走る日本に対する提言も多い。

——あなたが書かれた『21世紀の社会契約（What We Owe Each Other）』は、特に日本の政策決定者に対して、考える材料をたくさん提供してくれています。

ミノーシュ・シャフィク（以下シャフィク）それを聞いてとてもうれしく思います。実際、この本の中に日本のことが何回も出てきます。私のアイデアの多くは、日本が今まで経験してきたこと、日本が今まさに世界に先んじて直面している問題がきっかけとなっています。

——あなたが同著でテーマにした「社会契約（Social Contract）」とは、そもそもどのような概念ですか。どのように定義しますか。

シャフィク「人間が社会の中でお互いに何をすべきかを決める、規範、規則、法律」と定義します。社会契約は、国家と市民との間にあるだけでなく、家庭の中にも、コミュニティの中にも存在するものです。

——「社会契約」の概念の起源は？　歴史的にいつ頃から存在したのでしょうか。

シャフィク　社会契約の概念には長い歴史があります。それは一七～一八世紀の間に、哲学者たちの手によって明確な形となりました。彼らは、国家と市民との関係を理解するため、そして市民が支配者の力をいかに抑制すべきかを考えるために、この概念を編み出したのです。それは近年、多くの国で「福祉国家」と同義とみなされるようになりました。私がこの本で示そうとしたのは、福祉国家と社会契約は同義ではなく、福祉国家はあくまでも社会契約の一部であるということでした。社会契約はもっと広い概念で、労働者と雇い主との関係も含まれるし、家庭で労働をどのように分配するかということも含まれます。いずれにせよ、社会契約の概念は近年著しく発展したと言えます。

――あなたは、社会契約の目的が、「効用（個人が社会の中で得る満足度）」の最大化にとどまらず、もっと広く健康や人間関係、意義ある仕事などを含めた「幸福度」になっていると指摘していますが、世界の国々の「幸福度調査」で日本はとても低い順位です。二〇二一年のHappiness Indexでイギリスは一七位ですが、日本は五三位です。日本の幸福度の低さは何が理由だと思われますか？　これは日本の社会契約がうまくいっていないということなのでしょうか。

シャフィク　幸福度を決める要素は何か、いろいろな国を比べてみると、本当に重要な要素が三つあることに気づきました。

一つ目は健康です。これに関して日本はかなり優秀です。平均余命も非常に長い。肥満の問題もありません。二つ目は人間関係の質です。日本では家族の規模も小さくなり、核家族が増え、人々は以前よりも孤立しています。それがひょっとして幸福度に関係しているのでは、と思います。三つ目は有意義な仕事です。男性にとって日本の労働環境は非常に厳しいと思います。そして、かなり進歩したとはいえ、女性の労働はまだあまり歓迎されていません。上級管理職の女性の数は男性よりもはるかに少ないですね。二つ目の人間関係と三つ目の有意義な仕事という要素が、日本の順位を低くしていると思います。

日本が悲惨な未来を迎えないためにやるべきこと

——あなたは育児や老人の世話などの無給労働が女性に偏っていることで、才能ある女性の生産性が社会に生かせていないと指摘しています。「ジェンダー・ギャップを埋めることでGDPは三五パーセントも増大する可能性がある」とも書いています。日本は男性の育児休暇取得に寛容な制度をつくっているにもかかわらず、実際にはその制度を利用する男性は多くありません。これは男性の意識の問題ですか。

シャフィク　これは確かに難問です。日本は男性の育児休暇という制度をつくり、女性にも職場に残るように奨励してきました。日本の男性の育児休暇は、韓国を除いて、世界で最も寛容な制度かもしれません。ですから、これは政策の問題ではなく、文化的な問題なのです。男性も育児のために休暇を取りたいのに、育児休暇を取ることが同僚に「普通でない」と思われることを懸念して取れないのです。

家庭内での育児という労働分担を変えない限り、成功する日本の女性は増えないでしょう。それだけではありません。日本の男性、特に若い世代の男性に育児をシェアするのを奨励することは、社会にとって望ましいことなのです。日本の劇的な出生率の低下を止めることができるからです。これは極めて深刻な日本の社会問題、人口の問題です。はっきり言いますが、この日本の文化的な障壁を克服しない限り、日本には悲惨な未来が待っています。

——たしかに政策や制度があるのに、それをフルに活用できない同調圧力が日本にはあります。

シャフィク　ロールモデルがあれば、助けになるかもしれませんね。例えばアイスランドでは、「パレンタル・リーブ（parental leave）」（両親の育児休暇）があります。女性は三カ月、男性は三カ月、そしてそのあと二人どちらかで三カ月育児休暇を取ることができます。もし男性が三カ月の休暇を取らないと、三カ月の育児休暇は失効してしまいます（現在は父母合計で一二カ月まで延長）。このシステムは男性の考えを変えるのに十分でした。現在、アイスランドではほとんどの男性が育児休暇を取ります。

――あなたは、「米国で一九六〇年から二〇一〇年の間に生産性が二〇―四〇パーセントも上昇したのは、白人男性だけが良い仕事を独占していた状況が崩れ、女性や黒人男性や民族的マイノリティなどの人材をより効率的に活用するようになったからだと考えられる」と書かれています。また、女性が本来適した才能をもつ業種に参入したこと、女性よりも能力の低い男性の仕事を代わって行うようになったことの双方により、経済的利益がもたらされた、とも指摘しています。その伝でいけば、女性にとってまだまだ活躍の余地が多く残っている日本をはじめ、多くのアジア、中近東、アフリカの国々は、これから大きく経済を伸ばす可能性があると思われますか。

シャフィク　すばらしい質問です。とりわけ日本には抜本的な改革が必要だと思います。日本では、多くの優秀な女性が大学に行き、男性より優秀な女性もたくさんいますが、結婚したり、子どもができたりすると、会社を辞める人が他の先進国と比べるとはるかに多いですね。これは日本の社会にとって大きな能力の損失です。また高齢化の問題、年金の問題から考えても、能力のある女性を労働力に含めることはさらに必要不可欠なことになります。これらの女性は将来の年金やヘルスケアにも貢献するからです。これは日本の存亡にかかわる大問題と言っても過言ではありません。有能な女性をサポートし、保育を改善するのもプラスになるでしょう。日本の男性が家事をシェアするのが苦手でも、非常に質の高い保育が提供されれば、それも別の可能性としていいでしょう。でもそれも今の日本では十分に機能していません。

最後に多くの国で実施され、実際にプラスになることがわかっていることを言うと、クオータ制（人種や性別などを基準に、一定の比率で人数を割り当てる制度）をアグレッシブに使うことです。私自身はクオータ制をあまり好きではありませんが、変化を生じさせるには、ときには無理やりプッシュしていかないと変わらないときもあります。多くの国で取締役レベルではクオータ制を導入していますが、私は中間管理職レベルや重役レベルでも非常に有効だと思います。

幼児教育と生涯教育が、社会に大きなリターンを生む

――あなたは教育によって大きな経済的利益が生まれる、と主張しています。『21世紀の社会契約』にも「世界一三九カ国で長い年月をかけて収集された一一二〇のデータをもとに経済学者が計算したところ、教育を受ける期間が一年増えるごとに、その教育を受けた

個人には年間で約一〇パーセントのリターンがもたらされていた。これは〈中略〉アメリカ株式市場の毎年の平均リターンである八パーセントを大きく上回っている」と書かれています。特に、幼児教育と生涯教育の重要性を強調していますね。

シャフィク　私が主張しているのは、教育システムそのものを変えなければならないということです。現時点では、すべての国で我々は六歳から二〇代の初めまで、人的資本に投資しています。基本的にはそれがすべてです。私が言っているのは、六歳からではなく、もっと早く、生まれてから最初の一〇〇〇日の間に投資しなければならないということです。その間に脳の発達が起きるからです。そうすることで大人になってからも学習を続けられる脳が形成されます。

教育への投資のリターンは非常に高いと思います。特に先進国では誰もが高等教育（大学教育、専門学校での教育）を受けざるを得ない状況になっています。これからオートメーション化がどんどん進むからです。特に日本はオートメーション化の最前線にいます。ですから、非常に早期の教育と生涯にわたる教育の継続は、将来の生産性を増やすため必要不可欠なものになってくるでしょう。

――その早期の教育は、誰がどのように費用をもつのでしょうか。政府ですか。

シャフィク　社会全体が払うべきです。すべての人が平等に機会を与えられるのがベストです。もし子どもが貧しい家庭に生まれ、十分な栄養も摂らなければ生まれて最初の二、三年で脳が十分に発達しません。こうした初期の投資は社会の流動性に関係してくるので、社会全体、つまり国家が行うべきです。

大人になってからの生涯学習も、誰もが享受できるようにしなければなりません。そのコストは個人と国で共有されるべきで、そうすることで生涯学習の恩恵を皆で共有することができます。大人になってからの学習は、労働者の賃金の上昇につながっていきます。

――いわば、社会主義と資本主義の混合のような感じですね。

シャフィク　そうです。初期は社会主義で、大人には少し資本主義が混ざってくるような感じですね。

――あなたは時代に即した労働者の再教育の必要性を強調しています。「労働者に訓練をより有効に施すなら、すでに失職の危機に瀕《ひん》してからではなく、テクノロジーの変化を予感した段階でそれを行うことだ」と書かれています。誰がテクノロジーの変化を察し、労働者の再教育に責任をもつべきでしょうか。

シャフィク　ベストなモデルはスウェーデンです。例えばテクノロジーの変化によって、工場が赤字になり、おそらく閉鎖するだろうということがわかったとき、雇用主と国が協力して、閉鎖する一年前に、その工場で働いている人がどういうスキルをもっているのか、どういうトレーニングを欲しているのかを考える手助けをするのです。そういうケースでは閉鎖後その人が失業しないように早めに行動を起こします。早く行動したほうがはるかにうまくいきますね。

また早めにカウンセリングをして、次の仕事を考える時間を与えます。二〇年間、同じ分野で働いてきた多くの人は、今の仕事以外で自分に何ができるかを想像するのは非常に難しいのです。でも、良質な職場カウンセリングを受けることで、さまざまな可能性が開けてきます。工場労働者だった人は、高齢者をケアする介護士になることができないのでしょうか。中にはそれが得意な人がいるかもしれません。人には多くの機会を与えなければなりません。もう一度言いますが、多くのサポートを早期に行えば、労働者の雇用は維持し続けることができます。

定年を平均余命と連動させる

――あなたは自分の学生たちに「この先のキャリアを、梯子《はしご》を上るようなものではなく、木を登るようなものだと考えなさい」と言っています。また、「大人になってからふたたび学ぶのは、もはや『したほうがいいこと』ではなく、社会契約の重要な一部だ」とも書かれています。これらの真意を教えてください。

シャフィク　私が木登りのアナロジーを使った理由は、多くの人は職業人生を梯子に上るようなものであると考えているからです。つまり梯子を上って一番上まで上がり、退職するときにそこから飛び降りるようなものであると考えているのです。それはとんでもないやり方です。

——飛び降りるとケガをしますね。

シャフィク　そのとおりです。実際のところ、男性にとって、退職後は死のリスクが最大になるときなのです。退職後すぐに亡くなる男性も多い。人生が突然空っぽになるからです。それよりはるかにすばらしいモデルは、木を登るように生きることです。新しいスキルを学び、パートタイムの仕事もし、ボランティアもやるなど、いろいろな枝を伸ばしていくのです。そのほうが後の人生にはるかに大きな意味を与えることができます。自分が社会に貢献していると感じられるからです。年金のような制度も、年を取ってもそういうことができるように設計し直さなければなりません。そうすることで寿命が延び、年を取っても幸福でいられると思います。

――イギリスには定年はあるのですか？　日本では会社によって異なりますが、定年を定めている会社がほとんどです。

シャフィク　イギリスでは定年制度は廃止されています。従業員をある年齢に達したからといって退職させることは違法です。私は定年を平均余命と連動させ、働く年数と定年後の年数の割合を常に適正に保つようにすることを提案しています。より長く生きるのだから、より長く働けばよいのです。これから先進国では大人の人生の三分の一の時間を退職後に費やすことになるので、より長く働こうというのは、理にかなっています。人生の三分の一というのはとても長い時間です。余裕がある人生を送るのは、非常に難しい。長生きすれば、もう少し働かなければならないということです。

――イギリスには医療費が原則として無料であるＮＨＳ（国民保健サービス）がありますね。

シャフィク　でも退職後に国から受け取る年金は少ないのです。ですから質素な生活をしないといけません。

――あなたは、「多くの先進諸国では平均余命はこのところ高止まりになっているが、米国だけは――とりわけ男性は――平均寿命が短くなってきている」と指摘しています。これはなぜなのでしょうか。孤独が原因の一つでしょうか。

シャフィク　実際のところ、原因はオピオイド（鎮痛剤の一種／アヘンに似た作用をもつ、鎮痛・陶酔作用をもつ化合物）と肥満です。アメリカではオピオイドは男性の寿命に大きな影響を与えています。大もとはあなたの言うように、孤独が原因です。貧困もあります。社会での役割がないことから孤独になり、鬱になり、オピオイドを飲むのです。

――イギリスではオピオイドは違法ですか？

シャフィク　ＮＨＳから処方してもらわないと入手できませんが、そう簡単に処方してくれません。

――アメリカでは簡単にどこでも入手できますね。合法化している州も増えています。

シャフィク　簡単に手に入るから中毒になり、摂りすぎて取り返しのつかないことになるのです。

フリーランスの社会保険も雇用主が負担する

――あなたは多くの国の労働法規および社会保障のシステムについて、「全体的なバランスは、労働者に十分な安全や支援を与えるほうにではなく、柔軟性を与える（より自由だが不安定な契約を許す）方向に強く傾いてしまっている」と書かれています。また、「デンマーク、ニュージーランド、日本、オーストラリアなどの少数の国は、柔軟性も保護度も高いという『いいとこどり』をしている」とも書いています。これはどういうことでしょう。
シャフィク　私は経済学者ですので、柔軟性は良いことと考えます。労働市場において柔軟性があるということは、効率が良くなることを意味します。しかし、多くの国でそれが行きすぎているのです。それらの国では、柔軟性とは給与以外の福利を一切受け取らないことを意味します。年金も健康保険ももらわないことを意味します。ジョブ・トレーニングも受けません。それは労働者の立場を不安定にすることで彼らを不安にさせます。

特に発展途上国の多くの国とヨーロッパにはいわゆる二重労働市場というのがあります。第一次市場はフォーマルな市場で、賃金も良く、福利厚生もついています。もう一つの第二次市場は、賃金や労働条件も劣っており、昇進機会も少なく、配送運転手、ギグワーカー（仕事があるときだけ、使われる労働者）、不安定な条件のフリーランスがそれに入ります。そのような国の第二次市場は、大きな不安の源です。多くの若者はそういう仕事に就いています。それは、彼らは家を買ったり、結婚して子どもをもったりするのに、十分なお金を貯める機会がないことを意味します。

私は雇用契約の種類に関係なく、雇用主はすべての従業員の社会保険料を支払うように義務づけるべきだと思います。日本の年金制度では、雇用主が変わっても年金を新しい雇用主に移行できます。それを年金だけではなく、社会保険全般でできるようにするべきだと思います。

つまり社会保険も移行可能にするのです。例えば、私が三つの雇用主を相手に仕事をしているフリーランスとしましょう。その三つの雇用主は私の年金、健康保険料、ジョブ・トレーニングに関し、分担して負担すべきです。そうすることで柔軟性を維持しながら、それと並行して多少の社会的保護もある状態になります。それは実行可能なモデルで、まさに、いいとこどりになります。

——雇用主は正社員に支払う社会保険料などを払わなくて済む非正規の雇用を望みます。対して、被雇用者はたとえ時給が減っても正規雇用での安心安全を望む傾向があるデータをあなたは著書で挙げていらっしゃいますね。アメリカとイギリスの非正規労働者への調査で「おおかたの回答者は、時給が半分になっても正規雇用になりたいと考え、そして時給の三五パーセントが減ってもいいから、一カ月ごとの契約ではなく年間契約を結びたいと答えている」と。雇用主と被雇用者、両者を満足させる社会契約は、誰がどのようにつくればいいのでしょうか。

シャフィク　政府がルールをつくればいいのです。雇用者はみな、すべての労働者に対し社会保険のためのまとまった金額を用意しなければならない。あなたが複数の雇用主の下で働く場合は、あなたの社会保険が、雇用主にではなくあなた個人に紐付けられるようなルール。これは政府がつくるルールの問題だと思います。

――高齢者の世話をする介護労働者を、欧州は大量の移民を受け入れることで、日本は移民を避けるため介護ロボットに投資することで対処しようとしています。日本の高齢者人口が増えるスピードは、それで間に合うのでしょうか。欧州のように、もっと移民を受け入れる方策をとったほうがいいという意見もあります。

シャフィク　これは日本社会全体で議論しなければならないテーマです。それは科学技術の問題であると同時に、社会の問題です。私個人の好みでは、介護ロボットよりも、人間に介護してもらいたいです。あくまでも私の好みですが。人によって好みが異なるので、その好みに対応できるようにするのがベストな政策だと思います。

移民についてもこれは政治的な問題です。誰もがその政治的な問いに対して考えなければなりません。多様化した社会を望むのか、同質的な社会を維持したいのか。私個人は、多様化した社会のほうがおもしろく、住むのもわくわくすると思っています。

その考えに賛同しない人もいることはわかっていますが、日本は非常に大きな社会ですから、地域によって異なるモデルを使うことができるのではないでしょうか。

——東京ではもっと多様化した社会も受け入れると思います。

シャフィク　田舎よりも簡単ですね。ほとんどの国で、大都市はより多様化した社会を進んで受け入れています。

公平な社会をつくるのに、最も有効な税金とは？

——社会契約の中でも、税制は大きな役割を果たすと思います。富裕税、相続税、炭素税など、いろいろな税金がありますが、どの税制を変えることが公平な社会をつくるために有効だと思いますか。
シャフィク　炭素税には大きなアドバンテージがあります。経済の隅々まで行き渡っており、人々の行動を変えることができます。会社だけでなく、家庭での行動も変えます。炭素税を課すことは、気候変動についての人のインセンティブを変えるのにとても重要な役割を果たすと思います。

二つ目の重要な課税は財産税（固定資産税）だと思います。世界の富の三分の二は財産という形で存在します。富裕税は非常に難しい。富裕層は優秀な税理士を雇って富裕税を払わないようにする方法を見つけるのに長けているからです。でも財産に課税するのはあまり難しいことではありません。そこにあるからです。見えるからです。価値評価のスピードもかなり速くなっています。ですから、多くの国が財産に課税することをもっとクリエイティブに検討するのがいいでしょう。

世代間の視点からみても、それは非常に重要です。多くの若者は家をもつ経済的余裕がありません。それが可能になる唯一の方法は親に助けてもらうことです。でもそれは元々存在している格差をさらに強化します。財産課税のよりフェアなシステムは、そのお金を若者全般の教育や生涯学習に投資することです。それが若者に機会を与える、一番フェアな方法でしょう。

――タックスヘイブンを使って税金逃れをする多国籍企業に関しては、どのような方策が有効でしょうか。

シャフィク　タックスヘイブンはできるだけ速やかに閉鎖することです。タックスヘイブンは社会的な機能をほとんど果たしていません。最近ＯＥＣＤ（経済協力開発機構）下で、グローバル法人税の最低税率についての同意がなされました。それは非常に健全な方法です。そうすることで、国同士が、税金を下げる競争をしなくなります。

――あなたはすべての個人に最低限の生活を送るのに必要な金を支給するユニバーサル・ベーシック・インカム（ＵＢＩ）について、フィンランドで行われた大がかりな実験の結果を挙げて、あまり肯定的に捉えていないようですが、どうしてでしょうか。

シャフィク　私がＵＢＩを支持しない理由は二つあります。一つ目は経済的な理由です。実際にＵＢＩを試した社会実験もたくさんありますが、ＵＢＩを提供しても、人の行動にほとんど変化がないか、あっても非常に小さい変化なのです。また、例えばＵＢＩの金額を毎月二〇〇〇〜三〇〇〇ドルまで上げるとすると、今度はその財源を確保するために税金の額をかなり引き上げなければいけません。集めたお金を国を通してみんなに配分しますが、往々にしてお金が必要ない人にまであげてしまうことになります。税金を上げてそれをみんなに再配分するのは非常に効率が悪いのです。ですから政府は貧しい人をケアしたほうが、効率がいいのです。経済成長にとっても、そのほうがいい。

二つ目は哲学的な観点からです。すべての社会で、社会契約というのは、能力のある大人は、彼らが若いときに世話をしてもらったお返しに社会に貢献するべきであるというものです。これは人類史上どの社会にも当てはまります。UBIは、非常に根本的なレベルで、社会契約のその原則を破っています。UBIは、何も貢献するものがない人に、何もしないことでお金を払うことになるからです。誰でも社会に貢献できることがあると思いますが、UBIはその土台を壊してしまいます。

パンデミックの数年後、社会を刷新するタイミングが訪れる

――現実に即していない、あるいは時代遅れと思われる現在の社会契約を新たなものにつくり直していくために、最も大事なことは何ですか?

シャフィク　社会契約は往々にして、大変動や危機が起きたあと、つくり直されます。第一次世界大戦や第二次世界大戦、世界大恐慌を考えてみてください。その後に社会契約に大きな変化が生じていますね。二〇〇八年に起きた金融危機(リーマン・ショック)は、我々の社会契約をつくり直す絶好の機会だったのに、それを逃してしまいました。さらに多くの点で、このパンデミックによって我々の社会契約の弱点が表面化しました。

これからの数年、社会契約について今までと違った考え方をするように、政府にかなりプレッシャーがかかると思います。我々は今、歴史的な転換点にいるのです。これからいろいろな方向に行く可能性があります。私が『21世紀の社会契約』を書いた理由の一つは、今よりもポジティブな方向を示そうとすることです。これからの数年は我々の政治の役割が非常に大きくなります。

――パンデミックの話が出ましたが、このパンデミックが著書執筆の契機になったのでしょうか。

シャフィク　実際のところ、執筆を始めたのはパンデミックの前です。世界中でポピュリストのリーダーが相次いで選出されたときです。その波を目の当たりにして、私は「いったい何が起きているのか」と思ったのです。私はそれまでのキャリアをすべて国際開発の研究に捧げて、世界中の人々の生活水準が上昇するのをこの目で見てきました。しかし同時に政治がたちの悪いものになってきて、国民が怒りまくっています。そのジレンマをみて、本を書くのは今だという衝動が湧いてきました。

そして、パンデミックがやってきました。パンデミックはいろいろな問題を浮き彫りにしたのです。すでに存在している格差、不安定な仕事がさらなる不安を生じさせたこと。我々のヘルスケア・システムの効率が悪く、パンデミックにきちんと対応できなかったことなどです。多くの点でパンデミックはそういう問題に関する議論を巻き起こしました。

――あなたは「歴史の変わり目になる重大な時期には、人々がより多くを社会に求めるようになり、それにつれて、より包括的な経済上の仕組みがつくられる可能性がある」と書かれています。今回のパンデミックは、そうした変化のチャンスでしょうか。

シャフィク　そう思います。過去に起きた危機をみるとわかるように、危機の真っ只中にいるときは、大きな変化が起きません。二〇〇八年の金融危機を思い出してください。ポピュリストの反動は二〇一〇～一一年まで起きませんでした。危機の真っ只中にいるときは、みんなただ生き残ることに精一杯になるからです。今はまだ危機の中にいます。ですからこれから数年の間に、今起きたことに対する反動がみられると思います。人々はもっと安定を求め、もっとすぐれたヘルスケア・システムを求め、もっとすぐれた社会保険を求めるようになります。そうすると多くの国で政治が変わらざるを得ないと思います。

未来の世代の声を訊くシステム

――今の若者や未来世代に現在の負債を残してしまう不公平な政策決定がなされないよう、あなたはケンブリッジ大学の政治科学者デイビッド・ランシマンの提案「投票ができる年齢を6歳に引き下げる」を紹介しています。「民主主義において変化を起こすもっとも強力なメカニズムは投票だ。いずれにせよ、若者や未来の世代の声や利益にもっと重きを置く方法を見つけることは必須だ」とも書いていますね。具体的にはどのような方策が考えられますか。

シャフィク　別の政治学者が、我々がやるべきことは、加齢とともに票の価値を下げるべきだと言っています。社会にいる、残りの年数がより少ないからです。これは概念的には非常におもしろいと思います。政治的には実行するのが難しいので、若者にもっと発言権を与える他の方法を考えなければなりません。その一つの方法は彼らにもっと投票に行かせることです。若者の投票率は、年配者のそれよりも低いです。デジタル投票は、若者に投票してもらうのを簡単にするのに、大いに役立つでしょう。

もう一つ、実際に試した国もありますが、政府内に、未来の世代のことを考えることを専門にする人を置くことです。ウェールズ（イギリスを構成する四つの国の一つ）には、ソフィ・ハウという「未来世代大臣（minister for future generations）」がいます（現在は後任のデレク・ウォーカー）。もし我々が道路プロジェクトを考えていれば、その大臣が、「国の借金がかさみ、森林や自然を少し破壊しますが、未来の世代がそこからいかにして恩恵を受けるか考えて、マイナス面を正当化できるかどうか考えてみます」と言います。最終的にどうなるかは未来世代の視点からみるのです。こういう大臣を置くことは役立つかもしれません。

（二〇二二年四月二二日インタビュー）

第７章

資本主義は「脱物質化」する

ANDREW MCAFEE

アンドリュー・マカフィー

マサチューセッツ工科大学（MIT）スローン経営大学院首席リサーチ・サイエンティスト。MITデジタル経済イニシアティブの共同創設者兼共同ディレクター。研究テーマは、デジタル技術がどう世界を変えるのか。MITスローン経営大学院教授のエリック・ブリニョルフソンとの共著に『機械との競争』『ザ・セカンド・マシン・エイジ』『プラットフォームの経済学』（すべて日経BP）がある。「フォーリン・アフェアーズ」「ハーバード・ビジネス・レビュー」「エコノミスト」「ウォール・ストリート・ジャーナル」などに寄稿。世界経済フォーラム、TEDなどに登壇している。MITとハーバード大学にて学位を取得。マサチューセッツ州ケンブリッジ在住。

『MORE from LESS
（モア・フロム・レス）
資本主義は脱物質化する』
アンドリュー・マカフィー 著
小川敏子 訳
日経BP ／日本経済新聞出版

経済成長すればするほど、地球の資源が消費されてしまうという「常識」を、さまざまなデータをもとに覆し、資本主義と豊かな環境が両立する道を探る。テクノロジーが資源を使わない方向に進歩し、いまや人間が地球から取り出す資源の量は減っている。人類がより少量（from LESS）からより多く（MORE）を得られるようになったのだ。なぜ経済成長と資源の消費を切り離すことができたのか。脱物質化をキーワードに、資本主義の重要性を解き明かしていく。

——読者があなたの真意を理解しやすくするために、あえて反論を招くような訊き方をします。多くの論者が、人間が現在のような大量消費生活を続けると、地球の自然資源は枯渇し、破滅的な気候危機が訪れる。それを防ぐためには、現在の資本主義そのものを、今すぐ見直さなければならない、と言っています。ところがあなたは『MORE from LESS』で、そんな心配はない、と主張します。この本を執筆された動機は何でしょうか。多くの環境論者による資本主義批判に反論したかったのでしょうか。

アンドリュー・マカフィー（以下**マカフィー**）　私はテクノロジーのインパクトについて数冊の本を上梓しました。テクノロジーがいかにして世界を変容させるかについて、私自身はまあまあ理解していると思っていました。

ところがしばらく前にネットで、ある小論（Jesse Ausubel "The Return of Nature"）を偶然見つけました。その小論には、テクノロジーが世界をどのように変えるかについて、私が知らなかったことが書かれていました。我々の繁栄が拡大し続け、人口が増え続け、経済が成長し続けても、テクノロジーの進歩のおかげで、我々が地球から採る資源はより少なくなり、地球を傷つける度合いもより小さくなるというものでした。今、世界中に広まっている考えは、これ以上経済成長を続けると地球をさらに痛めつけるというものですが、それとは逆の考えです。

ご存じのようにアメリカは非常に繁栄した大国で、そのGDPは世界経済の約二五パーセントの規模です。そういうアメリカでも経済成長を続けながら、地球から採る資源は毎年減少していっています。その内容を読んだとき、これは驚くべき、新しい形の進歩だと思いましたが、私はその真意が汲み取れなかったのです。私は一般の人もその真価がわかっていないのではと考え、深くリサーチをして本を執筆しようと思い立ったのです。

――この『MORE from LESS』で、トマス・ロバート・マルサスの『人口論』に何回か触れていますね。彼が『人口論』を出したのは一七九八年です。また一七七六年出版のアダム・スミス『国富論』にも触れています。天然資源をはじめとする未来の環境問題を論じるのに、マルサスやアダム・スミスを今になって大きく取り上げたのはなぜでしょうか。

マカフィー　マルサスは地球という惑星に対するインパクトについて、我々の多くが感じている悲観的な見方のゴッドファーザーです。彼は人口が増えすぎて、その人口を満足させるだけの食糧を地球から十分得ることができなければ、我々のほとんどは餓死すると言いました。我々はこの予測を、ひどく間違った予測例としてよく引用します。

しかし、この本で指摘したかったのは、時間をさかのぼって人類の歴史をみると、彼がその理論を提示した一八〇〇年前後はそれが基本的に正しかったことです。つまり人口が多いときは常にみんながとても貧しかったのです。より繁栄したのは、人口が減少した場合のみであるとマルサスは説きました。すべてのものには一種の上限があるのだと。ただ、彼は予測していなかったのですが、やがて産業革命が起こり、その限界を克服し、地球からより多くの資源を採ることができるようになったのです。つまり、人口と繁栄を同時に増大させることができるようになったのです。マルサスは人類の将来について非常に悲観的な見方をしていましたが、実際はそうではなかったという意味で、マルサスを大きく取り上げました。

『国富論』で有名なアダム・スミスについては市場や市場の価値、競争、資本主義について、二世紀も前にとても正確な見方をしていて、洞察力のある考えを提示していたからです。今でも彼の考え方の本質は通用しています。

「脱物質化」とはどういうことなのか?

——この本で最も重要なキーワードは「脱物質化（dematerialization）」ですね。アメリカのGDPが伸び続けているのに、アルミニウム、ニッケル、銅、スチールなどの重要な金属消費量が減少しているデータ、農作物の収穫量が増えているのに、農業に投入する肥料や水などの消費量が減っているデータ。建築資材や木材、さらにはエネルギー消費量さえ減少に転じているデータ。これらのデータから「脱物質化」が起こっていると説いていますが、そもそも「脱物質化」の定義は何ですか。

マカフィー　端的に言えば、地球から採る資源を減らしながら、経済活動を営んでいるすべての人の欲求や要求を満足させることができるということです。毎年すべての消費の重量を測定することは考えただけでもクレージーなことですが、アメリカやイギリスのような裕福な国でのすべての消費の重量を測定できるものと想像してください。毎年それが増えているのではなく、ある時点から減少していることに気づくでしょう。人類はより少量から（from LESS）より多く（MORE）を得ることができるようになったのです。これは今までの歴史を通じてなかったことです。エビデンスはありませんが、日本でもおそらく同じことが起こっていると思います。我々のこれまでの経済活動では、毎年消費が増えるにつれ、消費する資源の重量も増えてきたのですが、今は逆に減っているのです。

――アメリカやイギリスのような先進工業国では「脱物質化」は実行可能かもしれませんが、この「脱物質化」が世界的なトレンドになるまで、レアメタルなどが枯渇する懸念は

アメリカのGDPおよび金属消費量（1900〜2015年）

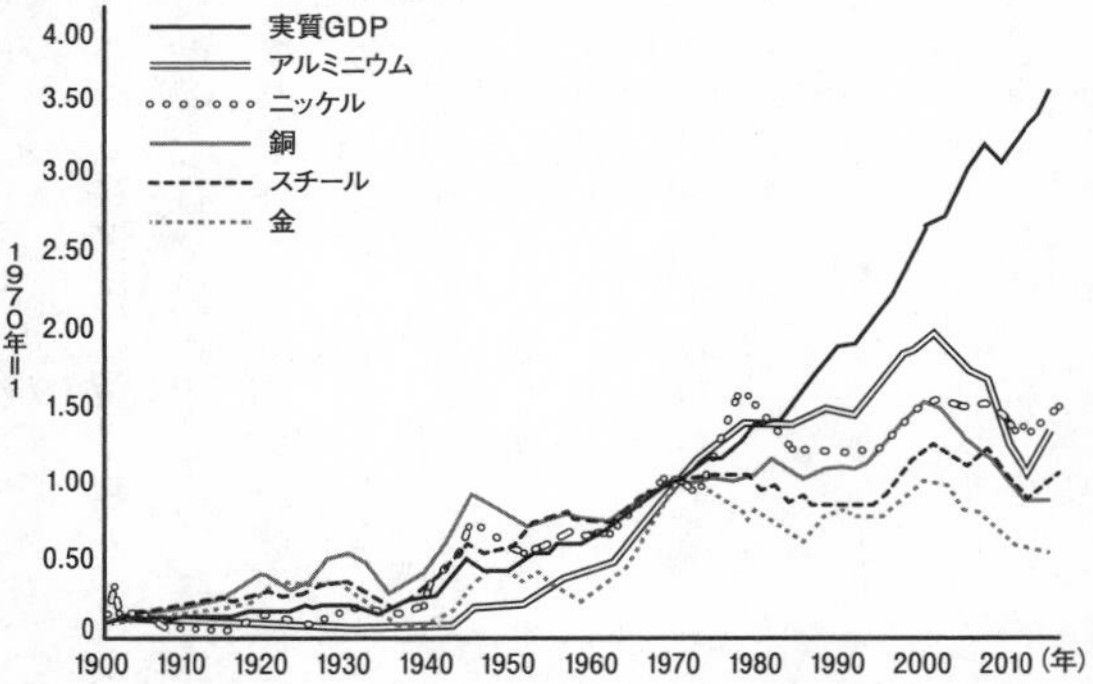

出典：アンドリュー・マカフィー著『MORE from LESS』（日本経済新聞出版）より作成

ないのでしょうか。

マカフィー　それは地球に存在している資源の豊かさを誤解しています。我々が地球から採っている資源の総重量は莫大な数字ですが、地球の大きさや地球の地殻の厚さ、地球が有する鉱物の豊富さと比べると非常に小さな数字です。ですから、地球の資源が枯渇するという考えは私からみると、まったく意味をなしません。

まず地球がどれくらい大きいか考えてみてください。あるいは経済的な見方をすればわかるはずです。モノが少なくなると普通はまず価格が上昇しますね。でも実際は私が調査することができた、どの資源も価格はずっと下がり続けています。資源の価格を世界の平均的労働者がそれを購入するのにどれくらい働かないといけないのかという観点からみても、価格はかなり急激に下がってきています。その価格体系をみると、資源の枯渇は起きていないことがわかります。地球の大きさを勘案すると、さらに冷静な目で見ることができます。

ですから我々の産業が地球の資源を枯渇させることはないと思います。ただ、我々の産業が作り出す化学物質が汚染という害を地球に与える可能性はあります。でも我々が採る地球の資源全体の量については心配いりません。汚染というような、産業社会の有害な副産物については懸念しなければならないということです。

私がここで言いたいことは、地球の環境には何の問題もないということではなく、非常に深刻な問題はあるけれども、その問題のリストの中には資源枯渇問題は入っていないということです。

——つまりレアメタルと言われている金属も、実際は「レア（希少）」ではないということですか。

マカフィー　そのとおりです。「レアメタル」とは残念な名前がつけられているものです。実際は地殻に豊富にあるのに、世界のほとんどの地域でそれを抽出することが簡単ではないというだけです。豊かな国で、今やっている抽出方法は汚染をまき散らすような方法です。だから「あまりにも環境を汚染させるので、ここではレアメタルを採掘することはもうできない」と言っているだけです。それで採掘を低収入の国に依存してきたのです。

テクノロジーの進歩は、ますます加速していく

――あなたは『MORE from LESS』の中で、新しいテクノロジーの数々が世界を再びつくり替えているスピードを「圧倒的な（head-spinning）」（原義は「頭がくらくらするような」）と表現していますが、このスピードはますます加速すると思いますか。それともある時点から、横ばい状態になりますか。

マカフィー　イノベーションのペースは加速するしかありません。ただ、ここできちんと言っておきたいことがあります。私がこの本で言いたかったのは、我々が何も思い悩む必要がないということではありません。地球温暖化は現実に起こっているゆゆしき事態であり、我々が現実に引き起こしたことなのです。我々はそれに対して十分に迅速な行動をとっていません。我々はエコシステムを破壊し、多くの動物の種を絶滅の危機に追いやっています。そのことをはっきりと認めないといけません。

しかし、我々は人類が直面している問題を解決するのに有効で強力なツールをもってい

ます。あなたは私が本で使った「圧倒的な」という言葉に触れましたが、最近起こったことをみただけでもそれがわかります。未知のコロナウイルス感染症のワクチンを開発し、生産し、今（二〇二一年一月）はすでに接種が始まっています。これを一年以内に実行したのです。ワクチン開発では前代未聞のスピードです。私が聞いた話では、その開発に必要な青写真ができた後は三日くらいでワクチン製造のサイエンスを解明したそうです。これは驚くべきことです。グーグル傘下にあるディープマインドの発表によると、生命科学で最も難解なミステリーといわれたタンパク質フォールディング（折りたたみ）問題を基本的に解決したとのことです。タンパク質の遺伝子コードを読んで、そこから作られるタンパク質の三次元の構造をどうやって予想するか、という問題です。五〇年前からほとんど進展がなかったこの問題をスーパーコンピューターが解決したことによって、科学的発見のためにＡＩ（人工知能）が活用できることが証明されました。

太陽エネルギーを活用するソーラー発電から得られる電気の価格も、この一〇年で九〇パーセント近く安くなりました。ＩＴを活用したスマートポリシーを打ち出せば、現実的な難問にイノベーションで対応できるでしょう。やるべきことをきちんとやれば、二一世紀は今よりもはるかに良い状況になると確信しています。

——機械学習とコンピューティング能力が急速に強力になったことで、「脱物質化」が推進されるのでしょうか。

マカフィー　もちろん「脱物質化」は間違いなく加速されるでしょう。タンパク質をもっと深く理解するようになり、我々が好きなようにタンパク質をフォールディングできることを考えてください。また、我々が開発できる物質について考えてください。AIや機械学習のおかげで、エネルギー効率がどれだけ改善されるかを考えてください。我々が、ある特性をもつ物質や物質の組み合わせを発見したいとき、AIをはじめ最近開発された強力なツールが使われるのです。その可能性を考えると、私は楽観的になるのです。

——あなたがこの『MORE from LESS』をアメリカで出版した二〇一九年に我々はまだコロナ禍を経験していません。このパンデミックは「脱物質化」をある程度加速化したと思いますか。

マカフィー　そう思います。コロナ禍で景気が後退すると、企業のコスト意識が高まります。経済規模の急激な収縮を経験すると、人はコスト構造のことを考えるようになります。コストを低く抑えるために、効率の良いデジタルツールをもっと使うことを考えざるを得ないでしょう。そうして「脱物質化」は進むでしょう。

――このパンデミックは、プラス面、マイナス面を含めて何を浮き彫りにしたでしょうか。

マカフィー　プラス面の一つは、先ほども言いましたが、ワクチン開発に要した驚くべきスピードです。もう一つは我々のデジタル・インフラがしっかりと持ちこたえたことです。クラウドがなければ、テレワーク・テクノロジーがなければ、状況はもっともっとひどいことになっていたでしょう。非常にパワフルなテクノロジーがあったからこそ、どこにいても仕事ができたのです。このようなテクノロジーの進歩については、かなり楽観的な見方ができます。

一方で世界各国の政府のパンデミックへの対応をみると、それはひどいものでした。思いやりのかけらもない、きちんと調整されていない、計画性のない対策が講じられました。アメリカではワクチン接種が始まっていますが（二〇二一年一月）、これも場当たり的で、きちんとコントロールされていません。

つまり私は、コロナ禍において人間が驚くべきテクノロジーを開発する能力については楽観的ですが、社会全体の調整が必要なことを一丸となって達成する能力については、いささか悲観的にならざるを得ません。

人類が豊かになるための、四つの要素の重要性

――あなたは「地球に負担をかけずに豊かになれる」ための要素として、テクノロジーの進歩、資本主義、反応する政府、市民の自覚を「希望の四騎士」として挙げられています。目標を達成するために、これらはどの順番に重要でしょうか。

マカフィー　「希望の四騎士（four horsemen of the optimist）」は新約聖書に出てくる「ヨハネの黙示録の四騎士（Four Horsemen of the Apocalypse）」から取った、語呂合わせです。その四つの中でどれが一番重要かを決めるのは難しいことです。我々が住んでいる地球への負担を減らして繁栄するには、その四つの要素がすべて必要だからです。その一つの要素でも欠けてしまうと、未来はかなり悲観的なものになってしまいます。

――「反応する政府」という意味ではトランプ政権下のアメリカは当てはまらなかったと思いますが、その間もアメリカは豊かになりませんでしたか。

マカフィー　確かにコロナ禍でアメリカの景気は後退しましたが、それ以前は好調でした。アメリカはトランプが大統領になる前から好景気で、特に高度技術製品を中心とした経済が非常に堅調だったため、トランプが多くの間違ったことをしても、トランプ一人でそう簡単に景気を悪化させることはできなかったからです。私はトランプ支持者ではありませ

ん。トランプにはいろいろなことを他のやり方でやってほしかったと思います。

——中国は「テクノロジーの進歩」を除いて他の三条件は当てはまらないと思います。中国のような権威主義国家でも豊かになっていく人が多いのは、「テクノロジーの進歩」がすべての牽引車だからなのでしょうか。

マカフィー　そうは思いません。確かに中国は権威主義国家です。中国共産党が支配していて、完全な資本主義経済にはなっていません。でも経済の多くのセクターを民営化したので、競争は中国内の企業の間でも、世界中の企業との間でも熾烈《しれつ》になっています。中国が成功したのは、この四〇年で多くの部分が資本主義と同じようになったからです。それは中国の成功物語の重要な要素です。ですから、他の三条件も当てはまります。

——著書の中で「ｉＰｈｏｎｅを始めとするスマホは脱物質化に関して世界チャンピオン級」として「脱物質化」の成功例として挙げていますが、その部品も多くのレアメタルをはじめとするさまざまな物質でできています。

マカフィー　先ほど指摘したように、地殻には多くのレアメタルが埋蔵されていて、枯渇することはありません。問題はその抽出方法です。その方法がこれから新しいテクノロジーが出てきて改善されるか、あるいはレアメタルの代わりになる物質が見つかるでしょう。

レアメタルの抽出が難しくなったり、価格が上昇したりすると、この二つのことが起きるでしょう。それが市場経済の仕組みです。

経済成長の原動力になる「非競合性」と「部分的な排除性」とは？

――あなたは使い果たされることのないテクノロジーの特性として「非競合性」と「部分的な排除性」を挙げています。それが今後の経済成長の原動力となるのでしょうか。

マカフィー　まずその非常にパワフルなアイデアは、他ならぬ、二〇一八年にノーベル経済学賞を受賞したポール・ローマー教授の「内生的成長理論」という経済成長理論から来たものです。

経済成長は自国がもっている資源から来るものではない。国の地理的な大きさや人口、あるいはエネルギーから来るものでもない。それはアイデアから来るものである、というのが彼の基本的な考えです。特にあなたが今言った二つのアイデアが非常に重要です。一つが「非競合性」というアイデアです。例えばあなたがここにある一ポンドの鉄を使うのであれば、私はそれを使うことができませんが、ピタゴラスの定理であれば、あなたも私も同時に使うことができます。アイデアは使い果たされることがありません。みんなが共有できます。

でも企業は新しいアイデアを生み出すのに、インセンティブが必要です。ローマーは見抜いていたのですが、人は一定の期間、そのアイデアから儲けることができれば、それがパワフルな新しいアイデアを思いつくインセンティブになり得るのです。そのアイデアは永久に個人に所有されるわけではありません。世界の他の国がアクセスできなくなってしまいますから。ほとんどの国では特許制度があって、著作権や特許は永久のものではありません。一定の期間が過ぎると公開されて誰もが使えるようになります。それが「部分的な排除性」という意味です。永久にそのアイデアから儲けることはできませんが、一定の期間は独占的に儲けることができます。ポール・ローマーはこの二つの要素を組み合わせると経済が成長すると説いたのです。これは見事な洞察です。

――炭素税の導入に関して、「中国とアメリカは世界の二酸化炭素排出量のおよそ四五パーセントを占めているが、国家レベルではまだ導入していない」と指摘していますが、この二国が今後導入する見込みはあると思いますか。

マカフィー　見込みというよりも、導入すべきだと思います。経済学者が真っ先に手を伸ばそうとするのが、炭素の価格付けです。二酸化炭素を削減するためには、化石燃料の消

アメリカの農作物収穫量と農業投入材消費量（1955〜2015年）

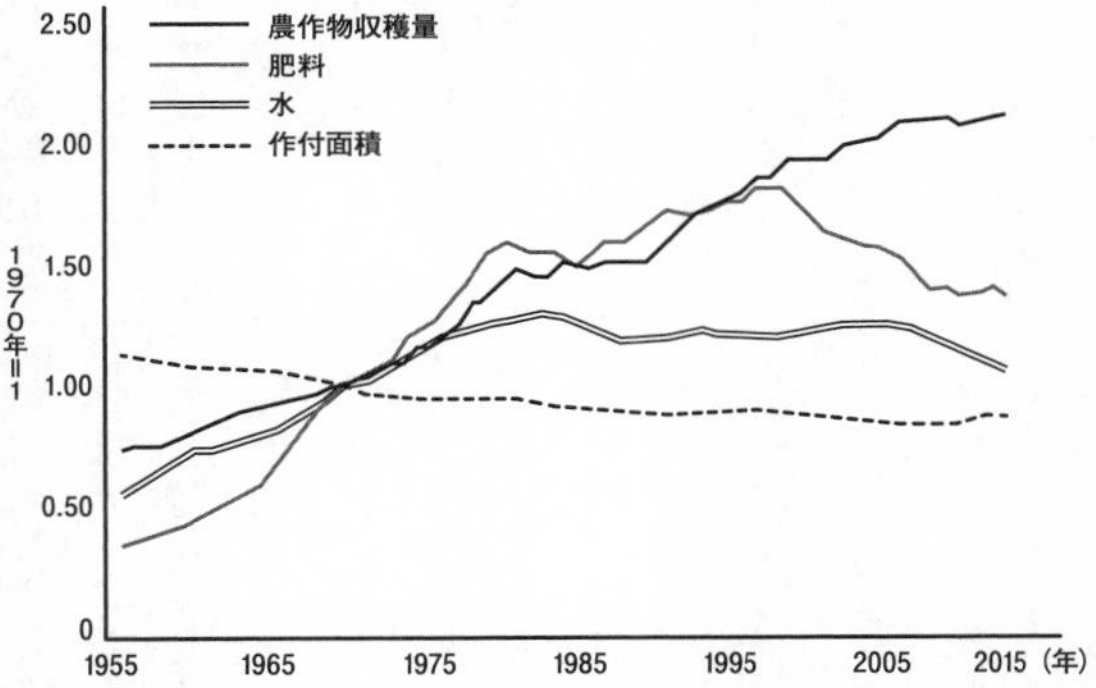

出典：アンドリュー・マカフィー著『MORE from LESS』（日本経済新聞出版）より作成

費量を抑制することが必要です。現実的に実施可能な政策は、「炭素税」と「排出量取引」になります。炭素税は化石燃料の炭素含有量に応じて課税することにより二酸化炭素を排出する化石燃料の価格を人為的に上昇させ、消費量を削減する政策ですが、中国もアメリカも、国家レベルでそれを実施する政治的意思はみられません。

我々はクリーン・テクノロジーの分野で大きなイノベーションを起こさなければなりませんが、炭素税を採用すればそのスピードが速まるでしょう。

——農業大国アメリカの農作物収穫量は年々増え続けています。にもかかわらず、作付面積は減少傾向にある。あなたは、小規模農場は水や肥料の効率が悪く、環境に与える負荷は大きいので、農業は工業化、大規模化すべきと主張していますが、これはアジアの小規模国家にも当てはまることでしょうか。

マカフィー　そうです。農場も工場と同じように規模が小さくなるほど効率が悪くなります。多くの作物生産量が欲しければ、より少ない面積からより多くの収穫を得なければなりません。

いま我々がやらなければならない重要なことの一つは農地を自然に戻し、より小さな作付面積で農業を営むことです。これを可能にするには効率を上げるしかなく、それは集約農業でしか達成できません。これはアジアの小規模国家でも同じです。アメリカで農地が減った主な理由は、同じ広さの土地、同じ量の肥料と殺虫剤、同じ量の水から、トウモロコシ、小麦などより多くの作物が収穫できるようになったからです。つまり生産性が上がったからです。

我々は「分断」の時代の真っ只中にいる

――「アメリカなど豊かな国で短期的にもっとも憂慮すべき問題は、分断である」と書かれていますが、この「分断（disconnection）」は、アメリカをはじめとする多くの国や社会でみられる「分極化、両極化（polarization）」のことでしょうか。

マカフィー　そうです。多くの国の多くの社会で起こっていることですが、我々はいろいろなことで互いに同意しないケースが増えています。一体感が少なくなっているのです。多くのエビデンスからみて、人々がばらばらになってきていることは、現実に起こっていることです。コロナ禍を含めて、非常に深刻な問題に取り組むのに一致団結することができません。たくさんのリサーチをしましたが、他の人の異なる意見に耳を傾けないことや他の政党と協力しないケースが増えていることもわかりました。あなたの言うように、我々はさらに分極化しています。これはとても残念なことです。

――ジョー・バイデンは国民に結束（unity）を求めましたが、多くの専門家はバイデン政権になっても、分断は解決しないと言っています。さらに悪化すると言っている人もいます。

マカフィー　そうですね。この分断はこれからの四年間で解決するような問題ではありません。何十年も前からあって、さらに悪化している問題です。だからこそ、バイデン政権で今までとは別の方向に動き始めてほしいと思います。いろいろなエビデンスをみても我々はまさに分断の時代の真っ只中にいます。解決が簡単ではないこともわかっています。

――この分断はソーシャルメディアの登場が引き起こしたのでしょうか。

マカフィー　いいえ、ソーシャルメディアが出てくるずいぶん前から生じていました。ですが、ソーシャルメディアによって分断が悪化したことは間違いありません。フェイスブックも原因の一つであるとよく批判されますが、それだけではありません。分断がフェイスブックの登場する前から生じていたことは明らかです。

――世界的な傾向をみると、分断以外の問題では、ポーランド、トルコ、ハンガリー、フィリピン、ブラジルなど権威主義的なリーダーが選ばれる傾向がみられますが、これを軽減する根本的な処方箋はあるのでしょうか。

マカフィー　このような傾向は根深いものがあり、一つや二つのことをやって状況が好転するような簡単な処方箋はありません。権威主義的な傾向が弱まり、民主主義の衰退が止まればいいと願っています。トランプが敗北したように、権威主義的な傾向は少し弱くなっていると思います。

――あなたは『MORE from LESS』の「はじめに」であえて「私は原子力と遺伝子組み換え作物をもっと積極的に活用しようと提案している。どちらも強い逆風にさらされているのはよくわかっている」と書かれています。特に原子力発電について日本は二〇一一年に福島第一原子力発電所事故を直接経験し、大きな被害を受けているので、それだけで原発賛成の主張は日本では激しい反論を招きます。日本で提案する勇気は私にはありませんが、その真意をお聞かせください。

マカフィー　あなたの気持ちはよくわかります。私が感じるフラストレーションの一つは、我々は自分の直感に決断を導かせることがあまりにも多いということです。ここで明言しますが、直感的なレベルで言うと私は原子力発電を怖いと思います。確かに一九七九年にスリーマイル島原子力発電所事故が起き、一九八六年にチェルノブイリ原子力発電所事故が起き、そしてあなたの国で二〇一一年に福島原発事故が起きました。これは現実に起こった事故で、原子力発電に対して直感的に拒否反応を引き起こしています。しかし、冷静になって毎年どれくらいの人が化石燃料燃焼による汚染で早逝しているか、調べてみました。環境政策アナリストのマイケル・シェレンバーガーが二〇〇七年に「ランセット」誌に発表した研究によると、まったく比較にならないくらい化石燃料の汚染で死んでいる人のほうが多いことがわかりました。ハーバード大学教授のスティーブン・ピンカーも『21世紀の啓蒙』（草思社）などで指摘していますが、いま重要なのは、現在の化石燃料の発電方法で亡くなる人が原発事故で亡くなる人の数よりも圧倒的に多いという事実です。

もちろん私は太陽エネルギーや風力発電がすべての電力を供給してくれればそれに越したことはないと思いますが、それが無理であることはわかっています。そこで別の発電方法が必要になります。私からみると明白な回答は、原子力発電です。ところが、多くの人は原発に対して、直感的な拒否反応をします。選択肢として考えることもしませんが、それは非常に残念なことです。

——グリーン・ニューディールを提唱している、ジャーナリストのナオミ・クラインやスウェーデンの若い環境活動家グレタ・トゥーンベリをどう思いますか。彼女たちの主張はとても正しく聞こえるので、彼女たちに反論すること自体が、まるで何もわかっていない人だという烙印《らくいん》を押されるリスクは考えませんでしたか。

マカフィー　私はそれでも彼女たちに反論しました。『MORE from LESS』を書いたのです。トゥーンベリには大いに敬意を払っています。世界中の多くの人を地球温暖化の問題に注目させたからです。彼女は「我々は科学者の言うことに耳を傾けなければならない」と繰り返し言いました。その意見も正しいのですが、経済成長を逆行させたり、止めたりすることが逆効果になると発言している他の科学者たちの意見にも耳を傾けてほしいのです。彼らが提示しているベスト・エビデンスにトゥーンベリのような環境活動家が注目してくれれば、さらにいいと思います。

――ナオミ・クラインが提唱しているグリーン・ニューディールについてはどう思いますか。

マカフィー　グリーン・ニューディールにはいろいろな異なる形が提示されていますが、そのアイデアが引き起こそうとしていることがエネルギーの移行であることには、すべての人が同意しています。つまり二一世紀、どこからエネルギーを獲得するかという根本的な問題です。その移行が早ければ早いほど我々の暮らし向きは良くなるでしょう。地球もより良い状態になる。

大事なことは、まず意見が一致する合意点をみつけることです。例えば「我々は地球の未来を懸念している。エネルギーが原因でひどい死に方をしたくない」ということだと思います。

（二〇二一年一月二日インタビュー）

第８章

生命の網のなかの資本主義

JASON W. MOORE

ジェイソン・W・ムーア

アメリカの環境史学者。ビンガムトン大学（ニューヨーク州立大学ビンガムトン校）社会学部教授。1994年にオレゴン大学で政治学と社会学の学士号を取得、97年にカリフォルニア州立大学サンタクルーズ校で歴史学の修士号、2007年にカリフォルニア州立大学バークレイ校で地理学の博士号を取得。スウェーデンのルンド大学リサーチ・フェローなどを経たのち、ビンガムトン大学助教、准教授を経て現職。研究分野は、政治生態学、農業ー食糧研究、歴史地理学、環境史、政治経済学など。

『生命の網のなかの資本主義』

ジェイソン・W・ムーア 著

山下範久 監訳　山下範久／滝口 良 訳

東洋経済新報社

資本主義の歴史と環境史を軸に、経済史、世界史、イマニュエル・ウォーラーステインに代表される世界システム分析、批判的人文地理学、マルクス主義フェミニズム、農業ー食料開発研究など、著者の20年間にわたる省察・研究の集大成。地球温暖化、経済の金融化、中国の台頭、安価な食糧の終焉など、現代のさまざまな問題を、「世界＝生態」という新しいパラダイムで解いていく画期的な試み。巻頭に『人新世の「資本論」』著者の斎藤幸平氏による解説がある。

——まず、本書のタイトルにある「生命の網（Web of Life）」とはどういう意味ですか。

ジェイソン・W・ムーア（以下ムーア） 西洋の言葉で「nature（自然）」というと、誰もが、森や原野、鳥やミツバチ、土や小川などのことを思い浮かべます。私はその言葉自体が、西洋の近代、帝国主義のイデオロギー上のプロジェクト（もくろみ）だったと主張しています。換言すれば、「自然」という言葉自体が、単なる概念ではなく、権力を得るための戦略であり、利益を出すための手段であるということです。

この本のタイトルの中に“Web of Life”という言葉を入れたのは、読者に、自分の周りの世界を、今までとは異なった見方でみてほしいからです。世界を、人間と人間以外の自然という相互関係だけではなく、さまざまな組織——家族も、工場も、金融センターも、帝国も——「生命の網」の中に含まれていることを理解してほしい。それらは「生命の網」の中ではそれぞれ独特ですが、「生命の網」から分離されているわけではありません。

とても重要なことなのですが、西洋で支配的な文明観、つまり、一方に人間、もう一方に自然を置いて両者を対比させる考え方は、この世界をそのまま表した世界観ではありません。こうしたものの見方は、西洋が行う文明化計画にあらかじめ組み込まれています。例えば、ヨーロッパの帝国は一四九二年以降、アメリカの先住民を、人間としてではなく、野蛮人、つまり自然の一部として分類しています。ヨーロッパの人の生活が良くなればなるほど、アメリカ人の労働は安価になり、文化的な意味でも価値が低いとされました。

——いま、人類が地質や生態系に影響を与えるようになった時代として「人新世（Anthropocene）」という言葉がよく使われるようになりました。それに対してあなたは、「人新世」だと「人間」対「人間以外の自然」を対峙させる二元論になってしまう。問題なのは資本主義だから「資本新世（Capitalocene）」という言葉を使うべきだと主張します。「資本新世」という言葉はあなたがつくったのでしょうか。

ムーア　「資本新世」という言葉自体はスウェーデンのマルクス主義者であるアンドレアス・マルムがつくったものです。ただ、マルムがこの言葉を「資本主義に化石燃料を加えたもの」として使ったのに対して、私の使う「資本新世」は、資本主義を経済システムとして捉えてはいけない、と読者に知ってもらうために使いました。資本主義をエコロジー（生態学）として捉えるために元のコンセプトを発展させた言葉です。

私は本の冒頭で、読者に対して、資本主義や資本主義の歴史について考えるとき、まるで自然の問題を考えるときのように考えてほしいと呼びかけています。資本主義を「生命の網」から分離しないで、資本主義がいかにして、「生命の網」の中で変化を生んでいるかを示し、資本主義はそういう変化の産物でもあることを示したい。そして、資本主義が引き起こした変化の中で、最も重要なものが気候変動なのです。

なぜ今、マルクスに回帰するのか？

――近年、資本主義それ自体の行き詰まりが語られ、マルクスの著作が再評価されてきていますが、その根本的な理由は何だと思いますか。

ムーア　マルクスへの回帰が起こっている理由はいくつかあります。一つは多くのマルクス主義者が言っていることですが、『資本論』に書かれている資本モデルが、一五〇年前にマルクスが書いていた当時よりも、実際に今存在している、グローバル化された資本主義に対して、より大きな適用性と妥当性があることです。

私からみると、マルクスは「生命の網」にある諸力の関係に執拗《しつよう》なまでに好奇心を抱いていた人です。私が強調したいポイントは、マルクスやエンゲルスが唱えた唯物史観の基礎をなす『ドイツ・イデオロギー』まで遡ってみると、最初に驚くべきことを言っている、ということです。それは、「人類の歴史は、人の身体組織と、その周りの（身体組織以外の）自然の状態に焦点を当て、人類の長い歴史を通して、その自然の状態が人間によってどのように変容・変異（ここが重要です）させられてきたかをみることから始まる」という内容です。これこそが、私が『生命の網のなかの資本主義』の中で、「環境－制作の弁証法」と呼んでいるものなのです。これはまた、環境を単にそこにあるものとして捉えるという立場から、環境は社会史によってつくられるものとして理解する立場へと変わることです。同時に、環境をつくる行為は、人間の組織の性質を変えます。特に階級社会資本主義は、最も新しく、そしておそらく最も高度な階級社会の形でしょう。マルクスとエンゲルスは、「生命の網」の中における階級社会を理解する方法を示してくれました。さらに、近代性の本当の恩恵を犠牲にすることなく、階級社会を超える可能性も示したのです。

──あなた自身がマルクスの著作から学んだことで、今一番注目すべき点はどこでしょうか。

ムーア　一つはまさに今、説明したことです。マルクス主義者は、決まってこの部分を無視します。私の仲間の一人、ジョン・ベラミー・フォスター（アメリカの社会学者。専門は、マルクス主義政治経済学、環境社会学）は、この無視された部分に注目し、議論の道を開き、マルクスを再評価しました。彼の著書である、『マルクスのエコロジー（Marx's Ecology: Materialism and Nature)』（こぶし書房）はこの分野の草分け的な本で、皆に読むように薦めています。私はその洞察をさらに異なる方向に進めました。

例えば、マルクスが常に強調していたのは、人間の社会的関係の二重性と呼ばれるものです。一方に社会があり、もう一方に自然がある。マルクスからみると、それを弁証法的に考えることが階級社会を解く糸口となる。もっといえば、私が『生命の網のなかの資本主義』で説明している、階級闘争の原動力や、資本主義が好景気や経済危機を経る過程、さらに、資本主義が資本蓄積に必要な条件を満たすべく、帝国主義の時代や政治構造の再編を経験したことを説明する糸口ともなります。

我々の社会が階級社会になっているという主張については、私はマルクスに賛同します。ただ、ほとんどのマルクス主義者が認めてきた範囲よりも、ずっと広範囲に考えています。これは気候危機を考える上でも非常に重要です。なぜなら、あらゆる種類の生命の網は、資本主義の下では、利潤追求のために利用されるからです。これには、昔から慣例的に理解されているような、プロレタリアート（無産階級）だけでなく、女性、自然界、植民地の人々によって行われる無償労働も含まれます。

こう考えることで、階級社会や労働階級に対して、従来のマルクス主義者や環境保護主義者とは異なる見方が出てきます。その見方とは、資本主義が繁栄するのは、自然を破壊することによってではなく、生命の網を無償で、あるいは低コストで働かせることによってであるということです。

これが、人種差別や性差別でみられるように、特定のグループの政治的、文化的な評価を下げることに繋がるのです。それらが、剰余価値を搾取する、階級の力を盤石なものにするのです。

このように、マルクスの卓越した洞察力を、現在の前代未聞の地球危機の時代に取り込むことができるのです。

自然vs.社会という見方を考え直す

――あなたは、この本で何度も、Society（［大文字］の社会＝自然抜きの人間）と、Nature（［大文字］の自然＝人間抜きの環境）というデカルト主義的な二元論からの脱却を目指すことを語っていますね。

ムーア　それこそ『生命の網のなかの資本主義』の核心です。そして、私の主張で最も誤解されている部分でもあります。誤解されている理由は、複雑であるからではなく、ブルジョアによる支配によって我々が現実をあり得ない視点でみているからです。我々は「生命の網」抜きで金融化を理解することができるとか、一方では、人間抜きの自然が存在すると思い込んでいます。しかしもちろん人間は、考えられる限り最も深く、根本的な意味で、「生命の網」の一部です。

この本が難解に思えるとしたら、それは内容が複雑であるからではなく、すべてのことを一方で自然、もう一方で社会というふうに分けて定義する、ブルジョア的イデオロギーからいまだに脱けだせないからです。

イデオロギー的に言うと、資本主義の発明の一つは、世界を最初から文明化された世界と野蛮の世界、キリスト教と非キリスト教に分離したことです。これは資本主義の歴史を通して、何度も形を変えて繰り返された、イデオロギー上の分離です。例えば、第二次世界大戦後、一九四九年にトルーマン大統領は有名なスピーチで、世界の人口の八〇パーセントは「未開発」である、つまり文明化されていないと言い放ちました。それは社会や文明には含まれないということです。アメリカの発展を辿ることでいずれは文明の域に到達するかもしれませんが、まだ到達していないということです。

このような主張がいかに組み立てられ、効果的な言葉で喧伝《けんでん》されたかをみると、昔のキリスト教化、文明化プロジェクトの時代と、とてつもなく似ていることに気づきます。本質において、これらのプロジェクトが目指したことは、資本主義を前進させること、とりわけ安価な労働を前進させるのに必要な安価な自然を確保することでした。利潤率を上げるべく、労働を自然の領域、とりわけ女性の無償労働をその領域に入れようとしたのです。

本書の目的の一つは、政府や国際金融センターだけでなく、ほとんどのマルクス主義者や環境保護主義者たちが共有している、自然vs.社会という従来の見方を捨ててもらうことです。このような見方は、人間の労働を含むすべての生命の網を営利目的に変えようとする、支配者たちの考え方なのです。

私が本書の序章で強調したかったのは、資本主義は経済のシステムではないし、社会のシステムでもない、ということです。それは「自然の組織化の様式」です。プロジェクトとしての資本主義と、歴史的プロセスとしての資本主義は区別しなければなりません。まず、資本主義者や帝国による、長期にわたるプロジェクトがあります。そのプロジェクトは私がデカルト主義的二元論と呼ぶ、社会と自然を分離するイメージで、世界を改造できます。しかし、現実はまったく違います。人類が折に触れ、生命の網と密接に繋がっている、資本主義の歴史のプロセスがあります。それが大衆の抵抗や反乱や階級の対立を引き起こしていました。それは現在の「気候正義」を求める闘いに、明らかに繋がっているのです。

資本主義と農業の密接な関係について

――農業の資本化について、あなたは「急速に進んだ資本化は驚くべき錬金術によって可能となったものである。その錬金術とは、石油と天然ガスを食糧へと変えるというものだった」と書いています。錬金術とはどういうことでしょう。

ムーア　資本主義的農業はここ五〇〇年の間にダイナミックに変化してきました。それはとてもわかりやすいモデルです。資本家が資本を蓄積するシステムの成否は、できる限り少ない労働で、できる限り多くの食糧を産出する農業モデルの構築にかかっています。このモデルは今、裕福な国のあちこちで見受けられます。非常に少数の農民が、大量の食糧を産出しています。

『生命の網のなかの資本主義』では、何世紀にもわたって起こった農業革命モデルについて論じていますが、端的に言うと、そのモデルが改革されるたびに、農業モデルは地理的に拡大し、新しいフロンティアに移動しなければなりませんでした。一六世紀、一七世紀にまずオランダ、イギリス。それからアメリカが一九～二〇世紀にかけて大きなムーブメントを起こしましたが、それはもう終わっています。私が「安価な食糧モデル」と呼ぶものとの関連で言うと、今やそのフロンティアは限界に達し、我々はその終焉を目の当たりにしているのです。

農業システムが、より少ない労働でより多くの食糧を産出することによって、安価な食糧が可能になります。すべての人に安価であるわけではありませんが、世界中の工場労働者階級の人には安価なのです。考えてみると、この二世紀にわたって起きたひどい飢餓が小作人社会を苦しめてきた理由の一つは、（資本主義では）小作人は餓死してもいいとされたからです。でも工場労働者はそういうわけにはいきません。もし労働者が工場に行くのをやめたら、資本蓄積のシステム全体がきしみながら停止してしまいます。

農業モデルはとても重要なものです。安価な食糧と安価な労働は密接に繋がっているからです。偉大なる産業革命は、労働者への安価な食糧供給があったからこそかなったのです。工場労働者への食糧が高価になることが暴動を引き起こすのです。フランス革命やロシア革命からアラブの春までをみれば、食糧が政治的安定に決定的に重要なことがわかるはずです。

気候変動について言うと、地球温暖化が農業の生産性を抑制していることを示す、すぐれた研究があります。二〇二一年、「ネイチャー・クライメイト・チェンジ」に発表されたリポートによれば、七年分の農業生産量が、気候変動という理由だけで失われたということです。資本主義は生命の網を生み出しますが、生命の網によって資本主義も生み出されるという弁証法を忘れてはなりません。資本主義は気候変動を生み出しましたが、現在の気候変動は、資本主義的農業の限界を生み出しています。

――スーパー雑草（除草剤の効果がない雑草）について述べているところで、「〔資本による〕自然の諸プロセスの「飼い慣らし」が進めば進むほど自然はますます制御不能となり、このことはますます破滅的な影響をもたらす」と書かれていますが、これは新型コロナウイルスの感染爆発にも当てはまるのではないでしょうか。

ムーア　それは疑いようがありません。私はこの公衆衛生の問題を「負の価値」の主な形態の一つと考えます。資本主義がいかにして生活を変えてしまうか、という好例です。実際、新型コロナウイルスはビジネスを制限し始めています。

パンデミックの問題は、大規模な環境の変化、経済や政治の変化に密接に関係しています。このパンデミックに関して我々が目の当たりにしているのは、新自由主義的資本主義の破綻と世界中の環境変化の直接の結果です。ただ、そのことに驚いてはいけません。

資本主義の起源は、西欧では一四世紀にあります。気候変動、農業―生態系の枯渇、民衆の暴動に繋がった病気、つまりペストの時代です。それが資本主義の台頭に繋がりました。ですから、パンデミックは自然に湧き出てくるのではないことを念頭に置いておかなければなりません。パンデミックは、人間が環境をつくる活動や、交易や移住を通してお互いに繋がり、大規模なレベルで景観や森林や野原を変容させることで、形になって出現するのです。

資本主義では気候変動を解決できない

――これまで気候変動について何回か言及しましたが、「資本主義が気候変動に対して何らかの有効な仕方で対処できるとはおよそ考えられない」とも書いていますね。その理由を説明してください。

ムーア　最近（二〇二一年九月）報道されたニュースで、良い例があります。スイスの二酸化炭素回収スタートアップ企業、クライムワークスが進めるプロジェクトは、地熱エネルギーを利用して大気中の二酸化炭素を除去し、アイスランドの地下に貯留するもので、機械を使って炭素を貯留する「直接空気回収（ＤＡＣ）」と呼ばれる技術です。これは年間四〇〇〇トンの二酸化炭素を除去します。この量は一年間に排出される二酸化炭素の三秒分に当たります。これを見ると、なぜこういう工場が何万と建設されていないのか、と疑問に思います。なぜ、資本主義が誇る費用効率性が、二酸化炭素除去テクノロジーと連携していないのでしょうか。その答えは、「利益にならないから」です。

これは、明らかに資本主義のロジックの枠内で捉えられた答えです。しかし、我々はどうして資本主義のロジックが機能しないのか理解しなければなりません。それには二つの力がかかわっています。

一つは安価な自然の終焉と共に起きたことで、資本主義の力の源泉になるものが、今それ自体に敵対していることです。資本家は、利益を出すために再投資することができますが、それよりも資本そのものがさらに富を生み出すようになっているのです。

これはマルクス主義者や新古典派経済学者たちが扱ってきた典型的な経済問題で、投資機会の数が縮小しているのに投資機会を求めている大量の資金が増えているという問題です。これは余剰資本の問題で、歴史的にはフロンティアを動かしたり、フロンティアを生かすテクノロジーを開発することによって解決してきました。

植民地のように陸地にあるフロンティアではありませんが、石炭と石油は地下にあるフロンティアとして大きな力をもっています。例えば、石油価格が一バレル当たり一〇〇ドルではなく、五ドルであるとすると、多くの投資の可能性が出てきます。コストがはるかに低いからです。

現在、中国を例外としてフロンティアは閉じられていて、それが産業から金融への資本のシフトに繋がっています。私が強調したいのは、大規模な産業投資がない金融化は、資本主義の歴史では異例であり、その理由はフロンティアの終焉であるということです。

二つ目は、これはフロンティアが徐々に閉じていることに関係があるということです。この状態で、世界経済に何が起きるのでしょうか。安価な自然の意味のあるフロンティア、つまり、私が四つの安価物と呼んでいるもの――労働力、食糧、エネルギー、原材料――がない状態で、起きることは再分配への方向転換ですが、金持ちから貧しい人への再分配ではなく、逆再配分のロビン・フッドです。つまり、中流階級、労働者階級から、大金持ちへの再配分です。

今これこそ、我々が世界中で目の当たりにしていることです。つまり、そもそも新しいフロンティアは大きな規模では存在しませんが、それに移行するのではなく、トップ一パーセントの人々がますます資本を蓄積するような再配分です。そのやり方を彼らは知っているのです。

「対価の支払われないはたらき」が資本主義を支えている

――「資本主義とは対価の支払われないはたらきのシステムでもあり、このシステムは対価の支払われないはたらき／エネルギーの流れをより多く収奪するために人間の才知を動員することで成り立っている」と書いていますが、「対価の支払われないはたらき」について説明してください。

ムーア　日本語では韻を踏まないかもしれませんが、すべての「プロレタリアート (proletariat)」（賃金労働者）に密接に関係しているのが「フェミタリアート (femetariat)」の「対価の支払われないはたらき」です。これはfeminine（女性の）からできた言葉です。家族の世話、料理、掃除、子育てなど、そういうことをしているすべての女性は、対価の支払われないフェミタリアートです。もちろん賃金をもらって働いている女性もいることは強調しておきますが。いずれにせよ、この二つの異なるコンセプトはお互いに繋がっています。

　また、これとは別に、私が「バイオタリアート (bioteriat)」と呼んでいるものは

biological proletariat（生物学的プロレタリアート）のことです。「プロレタリアート」が「人間を資本のためのはたらきに供せしめること」であるのに対し、「バイオタリアート」は「人間以外の生命を資本のはたらきに供せしめること」です。これらの言葉は、マルクスが一九世紀初期のイギリスのプロレタリアートについて述べていることに立ち戻った考え方です。マルクスは彼らの状況を「隠された賃金奴隷状態」と呼びました。

さらにマルクスは、この賃金奴隷状態は、アメリカ南部、キューバ、西インド諸島では実際の奴隷に依存していると言いました。マルクスは、賃金が支払われる仕事や支払われない仕事など異なる形の仕事を比較してその関係を引き合いに出しています。つまり一つの仕事だけを独立して考えることはできないということです。

あなたの質問で強調された「対価の支払われない」というのは、とても重要なことです。工場やオフィスで行われているいわゆる経済搾取のどの行為よりもより大きな収奪行為が、女性や自然や植民地に対しての対価の支払われない仕事です。収奪というのは、資本主義は一つの経済システム以上のものであるという意味です。支配や法律や政治の文化という経済外のシステムが、女性や有色人種や被植民者や、生命の網全体の従属的地位を強化しているのです。

――また「資本主義の基本的問題は、資本が必要とする安価な自然の量が、資本が確保できる安価な自然の量よりも速く増大してしまう傾向があるということである。このことはとうの昔にマルクスが認識していたことであった」と書いています。マルクスには未来が見えていたのでしょうか。

ムーア マルクスが言っていることがすべて正しいとは言いたくありませんが、資本主義産業のまさにそのダイナミズムが原材料やエネルギーの過少生産、そして最終的に資本蓄積の長期波動の最後に現れる労働の過少生産の状況を生み出すという、驚くべき洞察をマルクスはもっていました。この典型的な例は、一九六〇年代、七〇年代の世界規模の経済危機でしょう。その時期の日本は、七〇年代初期の石油危機の影響を受けたものの、立派にやっていました。

しかしポイントは、産業の大幅な拡大は、安価な自然を高価な自然にしてしまうことです。一九世紀後半の「大不況」が良い例です。四つの安価物である労働力、食糧、エネルギー、原材料の価格が安価でなくなると、一連の政治的アクションや帝国主義的アクションが結果として起きました。これが帝国主義の大きな問題です。

歴史的にみると、今日に至るまで帝国主義の役割は安価な自然――安価な食糧、安価な労働力、安価なエネルギー、安価な原材料——を確保することです。もちろんそれはすべての人に対して安価というわけではありません。それは資本主義による損失や損害を世界中の労働者階級、特にグローバルサウス（北半球の先進国と対比して使われる、南半球に多いアジアやアフリカなどの新興国・途上国の総称）の労働者階級に再配分する行為です。

高価な自然は、資本主義の避けられない長期的な特徴であり、その解決法は、フロンティアに向かうことです。つまり新しい帝国主義を意味するのです。

——そして、資本が特定の地域というフロンティアではなく、「金融」に向かったのですね。

ムーア　金融は非常に重要です。実体経済、消費財、サービスなどに、利益が出るように投資することがますます困難になるにつれ、資本は生産から金融に移ります。消費財の生産やサービスよりももっと当てになる、利益の出る機会が多いという明白な理由でそうなるのです。

これはまた、残念ながら環境保護主義者たちが口にすることはない、もう一つのネオリベラルな資本主義とも繋がります。それは世界中の資本蓄積の恒久的軍事化です。これはもちろんアメリカ主導で二〇〇一年以来の終わりなき対テロ戦争によって強調されました。

ジョヴァンニ・アリギ（イタリア出身の歴史社会学者）が指摘したように、生産において利益を得る機会が減少すると、世界の列強は軍事拡大を行う傾向があります。それを実行するには、とてつもない額のお金をどこかから借り入れなければなりません。

いま我々が目の当たりにしているのは、地球生命の金融化ですが、それと世界、特にグローバルサウスのかなりの部分の軍事化が同時に起こっています。アメリカは七〇国ほどで軍事活動を続けており、米軍基地は世界中の七〇〇以上の場所にあります。金融化と軍事化が繋がっているだけではありません。この二つは「生命の網」とも密接な関係があります。ブラウン大学の研究によれば、ペンタゴン（米国防総省）は組織として世界で最も多くの温室効果ガスを排出しています。

私が互いに繋がっていると言っているのは、それらがまるで繋がっていないように扱われることが多いからです。『生命の網のなかの資本主義』はそういう「ディスコネクション（繋がらないこと）」に対する解毒剤です。

問題は「安価なゴミの終わり」

——あなたは二一世紀最大の問題として「安価な資源の終わりではなく、むしろ安価なゴミの終わりのほうが大きな問題として立ち現れてこよう」とも言っていますが、これはどういうことでしょうか。

ムーア　資本主義の、地球上の生命の囲い込みは我々を汚染しているからです。その代償は今、直接的な、差し迫った形で、我々に戻ってきています。その一つの形はもちろん、資本主義が、温室効果ガス排出の安価な「ゴミ捨て場」として、大気の囲い込みをしていることです。我々が目の当たりにしているもう一つの例は、我々の身体が、後期資本主義の最も危険な汚染物質の、歩くゴミ捨て場に変わり果てたことです。重金属やプラスチック、ダイオキシンやベンゼン……。先日も、プラスチックに含まれるフタル酸エステルが原因で、年間一〇万人が早死にしていると報道されたばかりです。

私が著書で指摘しているのは、安価なゴミの終わりはそれがコストに影響していない間はうまくいくということです。今はそれがコストに影響しています。マスコミ報道によると、プラスチック汚染だけで、失われた労働生産性は年間五〇〇億ドルという試算が出ています。これはプラスチック汚染だけの金額です。重金属による汚染や、現在いろいろな形になって表れている、気候変動の致命的なインパクトを考えてみてください。公衆衛生問題と、いわゆる自然災害（とはいえ、「自然」ではまったくありません）の増大で我々が目の当たりにしているのは、安価なゴミの終わりに対して、大きなツケが回ってきているということなのです。

――日本では核廃棄物が問題になっていますが、それもその最たる例ですか。

ムーア それは恐ろしい例ではないでしょうか。核技術というのは、極めて中央集権化されたテクノロジーの一つで、発電の最も非民主的な形の一つです。病的で、危険で、長期的な影響は恐ろしく、費用がかかります。核エネルギーというのは、資本主義の病理の最たる例です。

コミュニズムは誤解されている

――『生命の網のなかの資本主義』日本語版あとがきに「コミュニズムの地平は近づいている」とあります。現在我々が直面している諸問題を解決するには、資本主義の改革では難しく、やはり「コミュニズム」が必要であるということでしょうか。

ムーア コミュニズムは誤解されています。西洋では、コミュニズムはソ連や中国で起きたこととイコールであると信じている急進派がいます。それについて一言いいたいです。日本語版のあとがきに書いたコミュニズムはマルクスとエンゲルスが概念化したものについてですが、それは社会革命という政治形態とはまったく関係がありません。

マルクスらはコミュニズムを、実際に存在していた階級闘争の歴史的なムーブメントと説明しています。私に言わせるとそのムーブメントとは、この地球に労働者階級が現れたことです。賃金労働者だけではなく、先ほど言ったフェミタリアートやバイオタリアートも含めたプロレタリアートの出現です。この労働者階級の正義はフェミニストの正義であると同時に地球の正義でもあることを理解しなければなりません。

コミュニズムは特定の政治構造のビジョンを意味しないと言っているマルクスとエンゲルスにとって、それは今日の世界で次々と起きている階級闘争そのものを意味します。もちろん、私の恩師の一人であるイマニュエル・ウォーラーステイン（アメリカの社会学者、経済史家。巨視的な観点から世界の歴史と社会全体を「単一のシステム」と捉える「世界システム論」を提唱・確立したことで知られる）は、死の間際に「階級闘争は決定的に重要である。社会主義への移行の可能性は五〇パーセントある。五分五分だ」という言葉を残しました。

マルクス主義についても非マルクス主義についても、共産主義についても非共産主義についても好きなことが言えますが、実際の歴史を理解したければ、それは乱雑で取り散らかったものとしか言いようがありません。啓蒙への真の道を提供してくれるようなレシピ本はありません。マルクスは、「科学に王道なし」と言いましたが、「社会主義に王道なし」と言っていたかもしれません。紆余曲折だらけの道で、終わりのない学びの道です。

この旅が成功する望みがあるとすれば、それが成功するには、賃金労働者のことだけではなく、対価の支払われる仕事、対価の支払われない仕事、経済学、帝国や文化など、いろいろな繋がり、生命の網のなかの資本主義の、網全体が整合していることを理解しなければなりません。

『生命の網のなかの資本主義』は対話への招待状です。気候変動の時代のチャレンジをよりはっきりとみる方法として、過去を再考する招待状という意味です。

（二〇二一年一〇月一三日インタビュー）

あとがき

本書は世界の知性の頂点に立つジャレド・ダイアモンド氏をはじめとして、今その独創的な視点で世界中の耳目を集めている慧眼《けいがん》の士たちの論考集である。
資本主義という立体を本書では八面体と考えると、各士がそれぞれの面から中に深く切り込んでいく。それぞれの論考はみな、決して理論だけではなく、すこぶる具体的な例を挙げることで説得力をもち、思わずどの言説にも頷いてしまうのだ。

資本主義と言えば、人類の最も偉大な思想家の一人と言われるカール・マルクスの名前が真っ先に浮かんでくるが、今そのマルクスの著作が世界的に再評価されているという。いわばマルクスへの回帰が起きているわけだが、その理由は、第八章に登場するジェイソン・W・ムーア氏の言うように〈『資本論』に書かれている資本モデルが、一五〇年前にマルクスが書いていた当時よりも、実際に今存在している、グローバル化された資本主義に対して、より大きな適用性と妥当性があること〉である。氏はそのマルクス経済学を超えた世界観をインタビューで見事に披露してくれた。

ノーベル経済学賞受賞者で私と昵懇《じっこん》の仲であるポール・クルーグマン氏も三年前、「マルクスの理論は今日の世界を解くカギである。だから今マルクスの全著作を読み直している」と私の目を直視しながら、しみじみと語っていたことを思い出す。

資本主義は不透明な剰余価値を資本家がかすめ取る搾取で機能しているが、ベオグラード生まれの経済学者ブランコ・ミラノヴィッチ氏は、その資本主義をリベラル能力資本主義と政治的資本主義の二つに分け、それぞれの特徴をわかりやすく解説してくれた。

特に私が興味深いと思ったのは〈釣り合った結婚が不平等を拡大している〉という考え方である。このタイプの結婚を止めることはできないが、皮肉なことに、氏の言う通り「社会にとって良い発展であっても、それが実は格差を引き起こす作用があることも事実」である。

ケイト・レイワース氏の『ドーナツ経済』はその独創的な発想で、世界中で話題になった。とりわけ国連のＳＤＧｓの一七の目標の最終草案を練る会合で、氏が描いたドーナツ図がテーブルの上に置かれていたというエピソードは、その視座がいかにユニバーサルなものであるかの証左と言っていいだろう。ＧＤＰは実質経済成長率の指標として最もよく使われるが、レイワース氏は経済の健全さはGDPでは測定できない、GDPから離れて新しい測定基準を作らなければならないと主張する。またお金と経済価値が経済の基本であるという主流の経済学を〈クレイジー〉であると一蹴したとき、私は彼女の自分の考えに対する大いなる自信を肌で感じた。「お金は完全に概念であって、エネルギーを経済的思考の中心にもってくることは、決定的に重要」であると彼女は断言する。

第四章に登場するトーマス・セドラチェク氏も異端と言われる経済学者であるが、異端どころか、心理学的手法で経済全体を分析するという、最もまともな考え方をもっている経済学者ではないだろうか。来日経験のある氏は、日本の会社に対するイメージとして、誰もが礼儀正しい行動をとらなければならない日本文化の面を気に入っていると言いながら、「過労死」については〈日本社会はこんなに豊かなのに、みなが粉骨砕身働いているのはおかしい〉と首をかしげる。氏もGDPは間違った尺度であると言うが、その説明は合理的だ。

本書は季刊誌「ｋｏｔｏｂａ」(集英社)の二〇二一年冬号から二〇二二年秋号まで八回にわたって連載したインタビューの完全版である。ほとんどがＺｏｏｍによるインタビューであるが、ジャレド・ダイアモンド氏には二〇二二年七月ロサンゼルス郊外にある氏の自宅で対面インタビューを行った。

最初のインタビューは第五章に登場するレベッカ・ヘンダーソン氏で、パンデミックが始まって半年後の二〇二〇年一〇月にインタビューした。当然のことながら、パンデミックが浮き彫りにしたさまざまな事実についても訊いた。

パンデミックはグローバル規模の壮大な社会実験であり、それが起こらなければ気付いていない、あるいは認めたくなかった厳然たる現実を我々人類に突き付けた。ヘンダーソン氏はパンデミックが明確にしたのは、我々には有能な政府が必要であるということだと語ったが、それは民主主義国家であろうと独裁主義国家であろうと当てはまることである。

第一章に登場するジャレド・ダイアモンド氏はアメリカの民主主義の崩壊を危惧し、国家の危機を乗り越えた例として明治維新を挙げる。人類最大の危機は新興感染症であると明言し、このパンデミックから学べる二つの教訓を述べた。フィンランドのように将来の危機に備えることと、こういう危機にはグローバルな解決が必要であるということだ。

八人の論客の中で日本に対してすこぶる厳しかったのが、二〇二三年七月に米国コロンビア大学初の女性学長に就任したミノーシュ・シャフィク氏である。日本の家庭での育児分担についても出生率の低下を止めるために日本の文化的な障壁を克服しない限り、日本には悲惨な未来が待っていると容赦ない。能力ある女性を労働力に含めることは〈日本の存亡にかかわる大問題〉であると一段と語気を強める。また男性より優秀な女性がたくさんいるのに、結婚して子どもができると辞める人が他の先進国と比べると日本がはるかに多いことも日本社会にとって大きな能力の損失である、という氏の言説は耳が痛い。パンデミックが浮き彫りにした問題については、すでに存在している格差をさらに大きくしたこと、不安定な仕事をさらに不安定にしたことなどを挙げている。

このような、パンデミックが浮き彫りにしたことを今読み返しても新鮮で、何年経っても時代遅れになるとは到底思えない。永久に時の試練に耐えるだろう。例えば、セドラチェク氏は〈教訓の一つ目はバカらしいことを排除することでしょう。時間の無駄になるような、お役所仕事はすべてインターネットに移し、新たに出直すこと〉であると言い、〈多くの点で以前の状態に戻ってほしくない〉と願っているというが、私もまったく同感だ。

ウェブ会議はパンデミック前から存在していたが、パンデミックが生じていなければ、ここまで浸透することはなかっただろう。もちろん対面のほうが得るものは大きいが、内容によってはオンラインで済ませられることは案外多い。それをこのパンデミックが否応なしに明確にしてくれたことは間違いない。それが働き方にも甚大な影響を与え、さらには二拠点生活を実践するトリガーになったという人も多い。

パンデミックが浮き彫りにしたこととして、ヘンダーソン氏は有能な政府が必要であるということ以外にこう語った。

〈互いに責任をもつということです。私は教授という仕事で幸運でした。仕事を奪われていません。でも我々は倒産した中小企業に対しても責任があります。お互いに責任を持つ方法を見つけないといけません。長期的にみてすべての人の利益になります〉

さらに〈世界は相互に繋がっています。我々先進国がインドやアフリカや他の発展途上国にクリーンエネルギーを使うように説得できなければ、先進国が脱炭素化してもしなくても、気候変動は起きます。身に染みる教訓です〉と語る。世界は相互に繋がっているということはパンデミックが起きていなくても誰でも知っている事実であるが、パンデミックが起きていなければ、ここまで痛感することはなかっただろう。

資本主義は格差をますます拡大しているという厳然たる現実がある。だから批判されるのであるが、資本主義にはそもそも搾取という構成要素があるので、格差が拡大するという機能が組み込まれているのである。それをできるだけ軽減するにはどうするべきかが、問うべきことである。

パンデミックが我々の生活や生き方に及ぼした影響は広範囲でしかも深い。それを生かしてより良き未来社会を築くためには何が必要か、悲惨な未来にならないようにするには何が必要か、資本主義をよりフェアなものにするにはどういう修正が必要か、そういうことについて熟思するのにこれらのインタビューが少しでも裨益《ひえき》することがあれば、それにまさる喜びはない。このインタビュー集は私が今まで行ったインタビューの中でも、最も内容が深遠なインタビューであると自負したいが、それは読者の判断に任せるしかない。

最後に、私と三十年以上も前から付き合いのある田中伊織氏には、連載の担当から書籍化に至るまで、極めて細かいアドバイスをいただいた。改めてこの場を借りて感謝の気持ちを伝えたいと思う。

二〇二三年六月　石垣島にて

大野和基

著者紹介

ジャレド・ダイアモンド

カリフォルニア大学ロサンゼルス校(UCLA)地理学教授。1937年、アメリカ・ボストン生まれ。ハーバード大学で生物学、ケンブリッジ大学で生理学を修める。著書に『銃・病原菌・鉄』『文明崩壊』『危機と人類』。

ブランコ・ミラノヴィッチ

ルクセンブルク所得研究センター上級研究員。1953年、ユーゴスラビア(当時)ベオグラード生まれ。世界銀行調査部の主任エコノミストを20年間務める。著書に『不平等について』『大不平等』『資本主義だけ残った』。

ケイト・レイワース

オックスフォード大学環境変動研究所上級客員研究員。考案したドーナツ図は国連のSDGs17の考え方の基となり、世界中の持続可能な開発の専門家から高い評価を受けている。著書に『ドーナツ経済』。

トーマス・セドラチェク

経済学者。1977年、チェコ生まれ。プラハ・カレル大学在学中の24歳のときに、チェコ初代大統領ハヴェルの経済アドバイザーになる。著書『善と悪の経済学』は刊行後すぐに15カ国語に翻訳された。

レベッカ・ヘンダーソン

ハーバード大学教授。英国学士院、米国芸術科学アカデミー、全米経済研究所のフェロー。MITスローン・スクールで21年間キャリアを積み、企業のマネジメントにも深く関わる。著書に『資本主義の再構築』。

ミノーシュ・シャフィク

コロンビア大学学長。エジプト生まれ。幼少時にアメリカに移住。イギリスの大学院で経済学を修める。36歳のときに最年少で世界銀行の副総裁に就任、その後IMFの副専務理事、イングランド銀行副総裁などを歴任。

アンドリュー・マカフィー

MITスローン経営大学院首席リサーチ・サイエンティスト。エリック・ブリニュルフソンとの共著に『機械との競争』『ザ・セカンド・マシン・エイジ』『プラットフォームの経済学』、著書に『More from Less』がある。

ジェイソン・W・ムーア

環境史学者。ビンガムトン大学(ニューヨーク州立大学ビンガムトン校)社会学部教授。オレゴン大学で政治学、社会学、カリフォルニア州立大学で歴史学、地理学を修める。著書に『生命の網のなかの資本主義』。

図版制作　タナカデザイン

大野和基《おおのかずもと》

ジャーナリスト。一九五五年、兵庫県生まれ。東京外国語大学英米学科卒業。一九七九年～一九九七年渡米。コーネル大学で化学、ニューヨーク医科大学で基礎医学を学ぶ。その後、現地でジャーナリストとして活動を開始。国際情勢から医療問題、経済まで幅広い分野の取材・執筆を行う。帰国後もアメリカと日本を行き来して活動。著者に『英語の品格』（ロッシェル・カップとの共著 インターナショナル新書）『私の半分はどこから来たのか』（朝日新聞出版）、編著書に『知の最先端』『未来を読む』（共にPHP新書）、『コロナ後の世界』『コロナ後の未来』（共に文春新書）など多数。

インターナショナル新書一二七

未来《みらい》を語《かた》る人《ひと》

二〇二三年八月一二日 第一刷発行

編　者　大野和基《おおのかずもと》

発行者　岩瀬　朗

発行所　株式会社 集英社インターナショナル
〒一〇一－〇〇六四 東京都千代田区神田猿楽町一－五－一八
電話 〇三－五二一一－二六三〇

発売所　株式会社 集英社
〒一〇一－八〇五〇 東京都千代田区一ツ橋二－五－一〇
電話 〇三－三二三〇－六〇八〇（読者係）
〇三－三二三〇－六三九三（販売部）書店専用

装　幀　アルビレオ

印刷所　大日本印刷株式会社

製本所　大日本印刷株式会社

ISBN978-4-7976-8127-7　C0230